Teoria da Norma Jurídica

O livro é a porta que se abre para a realização do homem.

Jair Lot Vieira

COLEÇÃO BOBBIANA

NORBERTO BOBBIO

TEORIA DA NORMA JURÍDICA

TRADUÇÃO
ARIANI BUENO SUDATTI
Doutora em Filosofia do Direito pela Faculdade de Direito da USP
Pós-doutora em Literatura e História Literária pela Unicamp
FERNANDO PAVAN BAPTISTA
Doutor em Filosofia e Teoria Geral do Direito
e Mestre em Direito Processual pela Faculdade de Direito da USP

APRESENTAÇÃO
ALAÔR CAFFÉ ALVES
Livre-docente, doutor e mestre em Direito
pela Faculdade de Direito da USP
Professor Associado (aposentado) da Faculdade de Direito da USP

edipro

Grafia conforme o novo Acordo Ortográfico da Língua Portuguesa.

6ª edição, 2ª reimpressão 2025.

Editores: Jair Lot Vieira e Maíra Lot Vieira Micales
Coordenação editorial: Fernanda Godoy Tarcinalli
Tradução: Ariani Bueno Sudatti e Fernando Pavan Baptista
Editoração: Alexandre Rudyard Benevides
Revisão técnica: Edson Bini
Revisão: Fernanda Godoy Tarcinalli
Diagramação e Arte: Karina Tenório, Karine Moreto de Almeida e Mariana Zago

Dados Internacionais de Catalogação na Publicação (CIP)
(Câmara Brasileira do Livro, SP, Brasil)

Bobbio, Norberto (1909-2004)

Teoria da norma jurídica / Norberto Bobbio ; tradução de Ariani Bueno Sudatti e Fernando Pavan Baptista ; apresentação de Alaôr Caffé Alves. – 6. ed. – São Paulo : Edipro, 2016.

Título original: Teoria della norma giuridica.

ISBN 978-85-7283-903-7 (impresso)
ISBN 978-85-521-0105-5 (e-pub)

1. Direito – Filosofia 2. Direito – Teoria I. Alves, Alaôr Caffé II. Título.

01-3717 CDU-340.13

Índice para catálogo sistemático:
1. Norma jurídica : Teoria : Direito : 340.13

EDITORA AFILIADA

edipro

São Paulo: (11) 3107-7050 • Bauru: (14) 3234-4121
www.edipro.com.br • edipro@edipro.com.br
@editoraedipro @editoraedipro

Sumário

Apresentação

Norberto Bobbio, nascido em Turim, norte da Itália, em 18 de outubro de 1909, é um dos mais ilustres e destacados jusfilósofos do século XX. Foi professor de filosofia do direito em Camerino (1936-1938), em Siena (1938-1940), em Pádua (1940-1948) e, de 1948 a 1972, ensinou na Faculdade de Direito da Universidade de Turim. A partir de 1973 até a sua jubilação, em 1984, lecionou filosofia política na Faculdade de Ciências Políticas da mesma universidade.

Bobbio intitulava-se um empirista, sempre preocupado em buscar fatos. No âmbito metodológico, considerava a necessidade de forjar os instrumentos para buscar os fatos, pois estes não estão ao alcance das mãos. A crítica e a análise da linguagem seriam um desses instrumentos. Essa postura filosófica, adotada por força do "novo iluminismo" (Nicola Abbagnano) e da crescente influência da escola neopositivista, marcou a transição, na Itália do pós-guerra, do clima hegemônico do pensamento idealista (Croce e Gentile) para o neopositivismo, sob a influência de Ludovico Geymonat. Foi um grande esforço de superação das posições dominantes na Itália, desde o início do século XX, representadas pelas doutrinas neo-hegelianas, neokantianas, neotomistas, fenomenológicas e outras. Rechaçando tanto o idealismo como o existencialismo, Bobbio defendia uma filosofia positiva comprometida com o espírito científico e contra as posturas metafísicas. Propugnava a substituição da filosofia como concepção do mundo pela filosofia como metodologia, que pudesse, do ponto de vista político-cultural, promover as condições de uma sociedade democrática, laica, universal e pautada nas conquistas da Ciência. Por efeito desse clima cultural, Bobbio, Geymonat e Abbagnano fundaram em Turim, com outros intelectuais, em 1946, um "Centro de Estudos Metodológicos".

Em duas séries de conferências, entre 1946 e 1950, aquele centro promoveu, dentre outros assuntos, a primeira agenda programática do positivismo lógico no âmbito dos estudos jusfilosóficos na Itália, sob a influência das ideias de Carnap, resultando, posteriormente, na escola analítica da filosofia jurídica. Bobbio, com a conferência "Ciência do direito e análise da linguagem", naquele período, mostra a sua grande preocupação com os estudos metodológicos da ciência jurídica, cujos temas vão se universalizar para além da cultura italiana, especialmente ao considerar o direito como discurso que deverá ser submetido à análise da linguagem, nos limites da teoria da ciência segundo os paradigmas do positivismo lógico. Essa postura define claramente, na fala de Riccardo Guastini, o clima de rompimento paradigmático com as tendências jusnaturalistas e metafísicas na filosofia e na ciência do direito, dominantes na Itália na primeira metade do século XX.

Esses fatos demarcam a atmosfera cultural dos estudos jurídicos em que foi produzida sua *Teoria da Ciência Jurídica*, publicação esta derivada de um curso realizado pelo jusfilósofo italiano, no biênio 1949/1950. Nesse sentido, e repelindo a duplicação do saber jurídico que caracterizava o campo teórico e prático do direito, desde as concepções clássicas do jusnaturalismo do século XVII até as formulações da sociologia jurídica da primeira metade do século XX, Bobbio propugnou pela unidade desse saber vincado na ideia convencionalista da Ciência e, por consequência, da jurisprudência como ciência empírica que elabora proposições sobre o discurso normativo, mas cuja validade deste só tem realidade se for polarizado com os fatos. Certamente, essa posição suscita inúmeras críticas ao jusfilósofo (Enrico Opocher, Luigi Caiani, Virgilio Giorgianni, entre outros), especialmente sobre a concepção empiricista da Ciência, induzindo Bobbio a perfazer, naquele período, o caminho da defesa do rigor lógico das proposições da jurisprudência ao invés da contrastabilidade empírica. O que importava, na verdade, era o esforço metodológico de clarificação e coerência da linguagem do direito, esforço que foi prosseguido pelos estudos dos discípulos da escola analítica de Turim, Uberto Scarpelli e Gavazzi, em defesa da concepção analítica do saber jurídico, objetivando também, como proposta, segundo a avaliação de Alfonso Ruiz Miguel, a integração da filosofia analítica com o normativismo de Kelsen. As preocupações metodológicas emparelham-se, na construção da teoria jurídica positivista-analítica, com as da teoria geral do direito e da jurisprudência (ciência do direito).

Durante o período entre 1950 e 1960, Bobbio dedicou-se à construção de uma teoria geral do direito de caráter formal, afastando dela as questões axiológicas e sociais, tornando-a, em grande medida, semelhante à concepção normativista de base kelseniana. O combate intelectual fez-se, especialmente, na arena onde outras teorias foram consideradas impuras, como as de Carnelutti, Paul Roubier ou Jean Dabin, ou incompletas, como as teorias realistas ou relacionistas. Entretanto, na mesma linha de Kelsen, Bobbio não excluía a validez e a importância de outros saberes que analisavam o direito sob outros aspectos e segundo outros princípios metodológicos e científicos. Nesse período, Bobbio acentua sua preocupação metodológica na crítica ao jusnaturalismo, a partir de premissas claramente normativo-positivistas.

A construção da teoria geral do direito de Bobbio tem como preliminares os estudos de lógica jurídica (1954), em que diferencia as distintas categorias deônticas (proibição, obrigação e permissão) e analisa as relações de oposição lógica entre as proposições normativas, base dos estudos de teoria geral do direito sobre, respectivamente, a imperatividade e permissividade das normas jurídicas e sobre as antinomias e lacunas do ordenamento jurídico. Foram visitados os textos, recém-publicados na época, de Kalinowski, Von Wright e Garcia Maynez. Nesse período, o nosso jusfilósofo tece e desenvolve as premissas básicas da teoria geral do direito, particularmente no que respeita à coatividade como elemento do ordenamento jurídico e não da norma isolada; à coerência do ordenamento jurídico como princípio, e não como fato; e à permanente possibilidade de integração do ordenamento jurídico, que não é em si mesmo completo. Tudo isso perfaz o núcleo dos cursos que Bobbio realizou em dois biênios, 1957/1958 e 1959/1960, sobre a norma jurídica e sobre o ordenamento jurídico, respectivamente. Cursos inovadores no que respeita ao enfoque analítico-linguístico da teoria geral do direito, emparelhados com as posições da mesma vertente teórica de Alf Ross (*Direito e Justiça*,* 1958) e de Hart (*O conceito de Direito*, 1961), que apareceram nesse mesmo período, embora com fundamentos empíricos diferentes. Note-se que, também em 1960, é publicada a segunda edição revisada e aumentada da *Teoria pura do Direito*, de Kelsen, indicando um momento histórico fecundo na órbita da metateoria do direito.

A teoria da norma jurídica, objeto deste livro, é, pois, uma parte da teoria geral do direito de Bobbio, tal como concebida no período citado, sofrendo alterações e revisões posteriores. Ela é completada pela teoria do ordenamento jurídico, do mesmo período, já traduzida para o nosso vernáculo.** Na teoria da norma jurídica, o jusfilósofo de Turim dedica-se inicialmente, no primeiro capítulo, à crítica das concepções institucionalistas e realistas (relacionistas); ao monismo e ao estatalismo jurídicos; ao significado ideológico da teoria; às relações intersubjetivas (jurídicas) autônomas, abrindo, por consequência, como a mais coerente e completa, a perspectiva do tratamento normativista do direito. É preciso notar, entretanto, que nesse período Bobbio está envolvido com uma concepção estrutural do direito, ficando para depois, por conta da crise do positivismo na Itália, como vamos ver, a sua preocupação com a linha funcionalista do direito.

No segundo capítulo, aborda os critérios da validez, da eficácia e da justiça como critérios distintos de investigação jurídica, critérios estes que levam a disciplinas distintas, independentes, mas não excludentes entre si. Esses critérios correspondem, respectivamente, às funções ontológica, fenomenológica e deontológica da filosofia do direito. Essa for-

---

* Obra publicada em *Clássicos Edipro*. (N.E.)

** *Teoria do ordenamento jurídico*, obra publicada pela Edipro. (N.E.)

ma de entender os três critérios, de modo não reciprocamente dialético, ensejou o jusfilósofo brasileiro Miguel Reale a considerar que Bobbio propugnava por uma concepção tridimensional genérica do fenômeno jurídico – e não tridimensional específica, de base dialética, como a dele. Assim, Bobbio caracteriza o direito, em tese, como objeto de três ciências distintas: quanto a sua formação e evolução, isto é, quanto à eficácia a que correspondem os problemas de observância, aplicação efetiva e sanção da norma jurídica (sociologia do direito); quanto a sua estrutura formal, a que corresponde a questão da validez, ou seja, aos problemas de existência da norma jurídica (jurisprudência ou ciência formal do direito), independentemente do juízo de valor que sobre ela se possa emitir; e, finalmente, quanto ao seu valor, ao qual correspondem os problemas ideais de justiça ou injustiça da norma jurídica (filosofia do direito). Esses três critérios, segundo Bobbio, são independentes entre si, no sentido de que a justiça de uma norma jurídica não é condição de sua validez ou eficácia; que a sua validez nada tem a ver com a eficácia e a justiça; e, finalmente, que a eficácia igualmente independe da validez e da justiça. Isso supõe, na opinião do jusfilósofo brasileiro Miguel Reale, a simples generalização empírica das múltiplas facetas do direito, e não, conforme o culturalismo jurídico de índole neokantiana professado por este último, a expressão da dialética de implicação e polaridade recíproca entre aqueles aspectos, ao elevá-los à categoria de "dimensões" de um mesmo fenômeno. Finalizando o capítulo, Bobbio trata das possíveis confusões entre os três critérios aduzidos e traça um panorama crítico do direito natural, do positivismo jurídico e do realismo jurídico.

Calcado nos estudos lógicos de Copi, na análise da linguagem e moral de Hare e nas reflexões sobre a definição e o conceito de direito de Scarpelli, Bobbio, no terceiro capítulo, desenvolve uma série de considerações sobre a estrutura da norma jurídica do ponto de vista formal, isto é, da norma jurídica independentemente de seu conteúdo. Como estrutura lógico-linguística, a norma jurídica pode ser preenchida pelos mais diversos conteúdos. Porém, ela se manifesta como proposição prescritiva, cujo valor é a validade, e não como proposição descritiva, cujo valor é a veracidade. Como proposição (prescritiva), a norma jurídica é um conjunto de palavras que tem um significado. A mesma proposição normativa, o mesmo sentido, pode-se formular com diferentes enunciados linguísticos. Isso quer dizer que Bobbio já atinava para a distinção entre o texto normativo (literal) e a norma jurídica como estrutura de sentido, inconfundível, mas dependente de seu enunciado. Por isso, o que interessa ao jurista, quando interpreta a lei, é seu significado, e não apenas o enunciado literal correspondente. O sentido normativo, a norma jurídica, portanto, é o produto de uma interpretação, e não o objeto da interpretação. O objeto a ser interpretado é o enunciado, o texto linguístico, do qual sobressai, mediante a interpretação, o significado, a norma jurídica.

No âmbito de sua preocupação analítica, visando ao esclarecimento pragmático-linguístico do discurso do direito, Bobbio distingue vários tipos de proposições, segundo os critérios da forma gramatical e da função da linguagem. Analisa as três funções fundamentais da linguagem – a descritiva, a expressiva e a prescritiva – e mostra que elas dão origem a três tipos de linguagem bem distintos, caracterizando, assim, a linguagem científica (fazer conhecer), a poética (fazer participar) e a normativa (fazer fazer) – a primeira, performativa do discurso teórico, e a última, do discurso normativo, incluindo aqui o discurso jurídico-imperativo. Já nesse período do positivismo analítico, Bobbio faz notar que entre as características das proposições prescritivas está precisamente o fato de elas exigirem justificação, de ordem persuasiva, por meio da retórica, diferentemente das proposições descritivas, que exigem a condição lógica da demonstração e a condição empírica da verificação.

Após uma série de outras questões relacionadas com a conversibilidade das proposições descritivas ou das proposições expressivas em proposições prescritivas, mostrando as várias tentativas para esse efeito, Bobbio tece considerações analíticas sobre problemas referentes aos imperativos autônomos e heterônomos, em ordem à distinção entre moral e direito; sobre questões entre imperativos categóricos e imperativos hipotéticos, visando à melhor compreensão da normatividade, especialmente a distinção entre normas éticas e normas técnicas; e sobre as questões da diferença entre comandos e conselhos, com o fim de distinguir os sistemas normativos dinâmico e estático, o primeiro relacionado com a autoridade que põe a norma, independentemente de seu conteúdo, e o segundo, com o conteúdo de valor seguido autonomamente pelo endereçado, de acordo com suas convicções etc. Essas linhas, em resumo, dão apenas uma pálida ideia do que o ilustre autor deste livro pretende abordar em sua teoria da norma jurídica.

Outras questões de suma importância são abordadas nesta parte da teoria geral do direito. Bobbio analisa, no quarto capítulo – com grande acuidade e de forma profunda –, dentre outros assuntos, os problemas da imperatividade do direito; dos imperativos positivos e negativos; dos comandos e imperativos impessoais; do direito como norma técnica; dos destinatários da norma jurídica; das relações entre imperativos e permissões; dos nexos entre imperativos e juízos de valor etc.

No capítulo quinto desta obra, Bobbio empreende tenazmente a tarefa de esclarecer as relações entre a sanção e o direito. Essa questão é de suma importância, pois permite demarcar o limite entre a concepção estrutural do direito, dominante no período da edição desta obra, e a concepção funcional do direito, professada por Bobbio posteriormente, em decorrência da crise do positivismo jurídico. Do ponto de vista estrutural-positivista, nenhum dos critérios examinados bastou para caracterizar plenamente o direito, especialmente no que diz respeito à difícil distinção entre normas jurídicas, normas morais e normas sociais. Ao fazer um confronto entre essas normas, Bobbio faz notar a característica específica do direito como conjunto de normas (ordenamento) garantidas por sanções externas e institucionalizadas. Disso decorre, em primeiro lugar, que o ordenamento jurídico é que fixa o critério de qualificação da norma jurídica como norma jurídica, e não o contrário. Vale dizer, o ordenamento não é jurídico porque é constituído por normas jurídicas enquanto tais, mas, ao contrário, as normas são jurídicas porque justamente pertencem a um ordenamento jurídico. O critério substancial da juridicidade é dado pelo conjunto de normas, pelo ordenamento, e não pelas normas isoladamente consideradas. Isso será explorado com maior verticalidade em sua teoria do ordenamento jurídico, que, com a presente obra, circunscreve o núcleo de sua teoria geral do direito.

Por outro lado, segundo o jusfilósofo italiano, a sanção, neste momento da teoria geral do direito, é considerada, pelo seu lado negativo, como reação institucionalizada de imposição de conduta destinada a fazer cumprir a norma violada. A relação entre a sanção e a lei jurídica pressupõe a violação ou transgressão, algo bem diferente do que ocorre com a lei natural. Se a lei científica não for observada, deixa de ser lei científica, pois não comporta exceção. Ao contrário, a lei jurídica (a norma jurídica) não observada constitui sua violação ou transgressão, mas ela continua válida, o que motiva a aplicação da sanção. A norma jurídica, portanto, está sob o regime da liberdade, e não da necessidade. Ali, pela não observação do fato segundo a lei científica, modifica-se esta para reajustá-la ao fato. Aqui, pela transgressão da lei jurídica, procura-se interferir na ação transgressora e salvar a norma jurídica. Essa interferência para anular, modificar ou neutralizar a ação transgressora, de forma institucionalizada, denomina-se sanção jurídica. Por meio desta, salvaguarda-se a norma da erosão das ações transgressoras, cujo sentido contraria seu conteúdo prescritivo.

Porém, a sanção apenas interior (sanção moral) não é suficiente para compor um mecanismo destinado a tornar a norma socialmente eficaz e conduzir com segurança a ação de todos os indivíduos da comunidade em direção à concórdia e à paz. Já a sanção externa é de caráter heterônomo, provém de outros, tomados individualmente ou em grupo. Contudo, se essa sanção é de caráter social, isso não elide a subjetividade ou a incerteza, ou a indeterminação, ou mesmo a desproporção, entre a violação e a resposta. Assim, a sanção, para ser objetivamente jurídica, constante e certa, deve ser regulamentada e confiada a órgãos institucionalizados da sociedade. Nesse sentido, a sanção é elemento essencial do direito, porém ela não se refere a cada uma das normas individualmente consideradas, mas, diferentemente do positivismo normativista de Kelsen, ao conjunto das normas constitutivas do ordenamento jurídico. Assim, para que exista direito eficaz, deve haver a garantia de execução da sanção, fornecida pelos órgãos institucionalizados da comunidade jurídica. Essa institucionalização pressupõe a existência de um sistema de normas, de um tipo de ordenamento que se qualifica como jurídico. A norma tem, portanto, a sua juridicidade calcada não no fato de ser ou não sancionada, mas precisamente por pertencer a um sistema ou ordenamento jurídico. Com isso, Bobbio julga ter respondido à questão, propugnada pelos defensores da tese oposta de caráter antissancionista, da existência de normas jurídicas não garantidas por uma sanção. A única dificuldade dessa posição é a referente à ordem jurídica internacional, em que se torna difícil falar em sanção organizada, promovida por um organismo unificado. Bobbio tenta superar essa limitação fazendo a distinção entre autotutela e heterotutela, postulando que se esta última é mais perfeita em razão da maior eficácia e garantia de melhor proporção entre transgressão e sanção, aquela não deixa também de ser operacional, em razão da regulamentação, da interdependência dos Estados e dos costumes internacionais.

Finalizando o curso, no sexto capítulo, Bobbio aborda o tema da classificação das normas jurídicas, detendo-se sobre a análise das questões relativas a sua generalidade e abstração. Neste passo, o jusfilósofo afirma, de início, que toda proposição prescritiva está formada por dois elementos constitutivos: o sujeito, isto é, o destinatário da norma, e o objeto da prescrição, representado pelo comportamento prescrito pela norma. Tanto o sujeito-destinatário como o objeto-ação podem tomar, cada um, a forma universal, referente à classe de pessoas ou à ação-tipo, ou a forma individual, referente a determinadas pessoas ou à ação particular, consignando, assim, quatro situações proposicionais normativas diferentes. Posteriormente, Bobbio critica a doutrina tradicional, que defende somente as características da generalidade e da abstração para as normas jurídicas. Fundado na classificação anterior, o mestre italiano propõe também a existência de normas individuais e concretas. As normas jurídicas são gerais se forem universais com respeito aos destinatários, porque se dirigem a uma classe de pessoas, e são abstratas se forem universais com respeito a uma classe de ações (ação-tipo). As normas serão particulares se têm por destinatário um determinado indivíduo, e concretas se regulam uma ação particular.

Bobbio finaliza o capítulo e, com isso, o curso sobre a teoria da norma jurídica, apresentando e explicando o velho quadro das oposições lógicas, de origem aristotélica. Ali trata das relações de inferência imediata e sua tradução para as proposições prescritivas, articulando as equivalências da categoria deôntica da obrigação com as da proibição e das permissões positiva e negativa, as quais deverão ser utilizadas, no curso seguinte sobre a teoria do ordenamento jurídico, nas explicações e soluções a respeito das antinomias jurídicas.

No período seguinte ao dos cursos anteriormente mencionados, após um intenso debate teórico e desenvolvimentos conceituais mais precisos sobre o positivismo jurídico e sobre o jusnaturalismo, com uma crítica mais acentuada sobre o positivismo kelseniano, especialmente no que respeita à natureza da norma fundamental e de suas relações com o poder, nosso autor realiza uma revisão extensa e bastante significativa de sua posição no que respeita à teoria da sanção jurídica. Essa revisão está fundada nas profundas alterações do panorama político, social e econômico que marcaram singularmente o mundo europeu no final dos anos 1960, levando à crise do positivismo jurídico, como ideologia e como teoria, no âmbito da filosofia do direito.

No período anterior, o professor italiano defendeu, como vimos, uma teoria geral do direito formal, isenta de valorações e de considerações sociais, contra os jusnaturalistas e sociólogos do direito, em nome da objetividade da Ciência, que visa antes conhecer a realidade do que valorá-la, e da ciência normativa, que busca o estudo da esfera do *dever ser* e não do *ser*. Porém, já no fim da década de 1960, Bobbio, em um trabalho publicado sob o título "A função promocional do direito", aponta para as novas técnicas de controle social como exigência do Estado social contemporâneo. Essas técnicas não são centradas apenas no desalento de determinados comportamentos repudiados pela sociedade, mediante a aplicação de sanções negativas, de caráter punitivo ou repressivo, mas também nas formas de estímulo às condutas desejadas, mediante a aplicação de sanções positivas, de caráter promocional. Posteriormente, em 1971, Bobbio considera a distinção entre as teorias do direito que o enfocam sob o ponto de vista estrutural, pautadas na perspectiva protetora ou repressiva do direito, própria dos Estados liberais, e as que o enfocam sob o ângulo funcional, objetivando propiciar as condições jurídicas da promoção social e econômica, próprias dos Estados sociais.

Entretanto, o mestre italiano está longe de substituir o enfoque da análise estrutural do direito, dominante na primeira fase de suas investigações acadêmicas, pela análise funcional ou teleológica do direito. A primeira via de investigação, a da análise estrutural, que responde à pergunta "de que se compõe o direito?", é complementada e aprofundada pela segunda via de pesquisa, a da análise funcional, que responde à pergunta "para que serve o direito?", na qual se coloca em jogo a relação entre meio e fim, numa perspectiva mais sociológica do que lógica. Nesse sentido, mais tarde, nos estudos da obra intitulada *Dalla struttura alla funzione*, editada em 1977, Bobbio reúne os seus mais maduros e significativos trabalhos sobre o tema. Ali, procura esclarecer o motivo do pouco interesse, até aquele período, pela análise funcional do direito, bem como o nascente e crescente interesse por esta análise finalística, que demanda considerações de conteúdo que transpassa a mera análise formal da estrutura do ordenamento. De qualquer forma, o professor italiano não exclui um tipo de análise por outro. Em seu Prólogo à edição castelhana da *Teoria Geral do Direito*, editada em 1987, Bobbio faz clara a sua posição ao afirmar que:

> Os elementos deste universo (do direito), que são postos em evidência pela análise estrutural, são diferentes daqueles que podem ser postos em evidência pela análise funcional. Os dois pontos de vista não só são perfeitamente compatíveis senão que se integram mutuamente e de maneira sempre útil. Se o ponto de vista estrutural é predominante em meus cursos de teoria do direito, isto se deve exclusivamente ao fato de que, quando os desenvolvi, esta era a orientação metodológica dominante em nossos estudos. Se hoje os devesse retomar, decididamente não pensaria em substituir a teoria estruturalista pela funcionalista. Agregaria uma segunda parte sem sacrificar nada da primeira.

Vê-se, por essas rápidas linhas, que a obra que o leitor tem em mãos, editada pela Edipro, é o testemunho de um momento da evolução do pensamento do grande mestre italiano, a qual não se põe como algo ultrapassado por ser editada em seu vernáculo original há mais de quarenta anos, mas como uma forma de análise do direito sempre imprescindível para aqueles que desejam desenvolver e aprofundar seus estudos jurídicos. A investigação dessa forma de ver o direito não só completa a formação e a cultura do jurista, como fornece os fundamentos e os horizontes para a plena compreensão das teorias mais atuais, o que mostra a necessidade de tê-la sempre à mão.

São Paulo, agosto de 2001.

Alaôr Caffé Alves
Professor Associado (aposentado)
da Faculdade de Direito
da Universidade de São Paulo – USP

Nota dos tradutores*

Nesses últimos anos, no exercício de nossa dupla atividade acadêmica na Faculdade de Direito da Universidade de São Paulo, ou seja, como alunos da pós-graduação e professores bolsistas do departamento de Filosofia e Teoria Geral do Direito, enfrentamos a dificuldade crônica de ter de consultar obras clássicas da literatura jurídica universal ainda sem tradução para o vernáculo pátrio. Uma das obras investigativas mais importantes escritas no século XX, no campo da pesquisa jusfilosófica, é justamente a *Teoria della Norma Giuridica*, escrita por Norberto Bobbio, que finalmente temos a honra de apresentar, por meio desta primeira tradução em língua portuguesa.

A ideia de traduzir este tratado, fundamental para a compreensão teórica do fenômeno jurídico, surgiu há algum tempo, mas a iniciativa de realizar efetivamente o trabalho foi inspirada nas comemorações, em toda a Europa, dos noventa anos de vida de Bobbio, em outubro de 1999, o que nos encorajou a também oferecer nossa pequena homenagem ao emérito professor.

Escrevemos, então, uma carta para o professor (e também senador vitalício) Bobbio, expondo nosso projeto, e em poucos dias recebemos sua amável resposta, incentivando-nos e autorizando-nos a negociar os direi-

---

*. Ao longo deste livro, a tradução dos títulos de algumas das obras citadas e ainda não editadas em português foi feita de forma livre e encontra-se indicada entre colchetes.

tos autorais com a editora Giappichelli, de Turim. Em seguida, cientes de sua criteriosa seleção de publicações filosóficas e jurídicas e de sua exímia qualidade gráfica, contatamos a editora paulista Edipro, que imediatamente nos deu todo o apoio necessário.

A tradução foi realizada com todo o rigor técnico possível, buscando atingir a fidelidade máxima ao texto original da obra em italiano. Mesmo assim, os obstáculos foram inúmeros, obviamente pertinentes a toda tradução de uma obra jurídico-literária maior, como a *Teoria da Norma Jurídica*, em que algumas expressões idiomáticas e termos técnicos não têm correspondência em nossa língua, bem como certas metáforas perdem o sentido em nossa cultura. Porém, nossa grande preocupação, durante a árdua tarefa, sempre foi manter o primoroso estilo ímpar do autor – límpido, mas denso – ao expor ideias complexas, a um só tempo com clareza e profundidade.

Esperamos que esta obra traduzida venha suprir uma grave lacuna na bibliografia de filosofia do direito disponível em português. Temos a certeza de que será muito útil para alunos e professores de graduação e de pós-graduação em direito, filosofia e ciências sociais, e também para todos aqueles que almejam aprofundar seus conhecimentos sobre normas jurídicas, mormente sobre as características fundamentais que as distinguem de outras espécies de normas de conduta social.

Por fim, agradecemos a todos os colaboradores que, de muitas formas, nos auxiliaram para que nosso ambicioso projeto se concretizasse neste livro, em especial ao próprio professor Norberto Bobbio, que, do patamar de sua inestimável grandeza intelectual, nos acolheu com a humildade que apenas os sábios remanescentes da pura linhagem socrática podem alcançar.

A ele, dedicamos esta tradução como homenagem, ainda que um pouco tardia, por seus noventa anos, já nos desculpando previamente se, por alguns momentos, e apesar dos esforços em contrário, corremos o risco, inerente ao desafio a que nos propusemos, de sermos talvez identificados pela espirituosa e intraduzível alcunha italiana: *traduttori traditori*.

Os tradutores

Agosto de 2001

Teoria da Norma Jurídica

Capítulo 1

O direito como regra de conduta

1.1. Um mundo de normas

O ponto de vista acolhido neste curso para o estudo do direito é o *ponto de vista normativo*. Com isso, entendo que o melhor modo para aproximar-se da experiência jurídica e apreender seus traços característicos é considerar o direito como um *conjunto de normas*, ou regras de conduta. Comecemos então por uma afirmação geral, do gênero: *a experiência jurídica é uma experiência normativa*.

A nossa vida se desenvolve em um mundo de normas. Acreditamos que somos livres, mas na realidade, estamos envoltos em uma rede muito espessa de regras de conduta que, desde o nascimento até a morte, dirigem nesta ou naquela direção as nossas ações. A maior parte dessas regras já se tornaram tão habituais que não nos apercebemos mais da sua presença. Porém, se observarmos um pouco, de fora, o desenvolvimento da vida de um homem por meio da atividade educadora exercida pelos seus pais, pelos seus professores e assim por diante, nos daremos conta de que ele se desenvolve guiado por regras de conduta. Com respeito à permanente sujeição a novas regras, já foi justamente dito que a vida inteira, e não só a adolescência, é um contínuo processo educativo. Podemos comparar o nosso proceder na vida com o caminho de um pedestre em uma grande cidade: aqui a direção é proibida, lá a direção é obrigatória; e mesmo ali onde é livre, o lado da rua sobre o qual ele deve se manter é, em geral, rigorosamente sinalizado. Toda a nossa vida é repleta de placas indicativas, sendo que algumas ordenam e outras proíbem um certo comportamento. Muitas dessas placas indicativas são constituídas por regras de direito. Podemos dizer desde já, mesmo em termos ainda genéricos, que o direito constitui uma parte notável, e talvez também a mais visível, da nossa experiência normativa. E por isso, um dos primeiros resultados do estudo do direito é o de nos tornar conscientes da importância do "normativo" em nossa existência individual e social.

Se nos distanciarmos por um momento do homem singular e considerarmos a sociedade, ou melhor, as sociedades, dos homens, se deixarmos de nos referir à vida do indivíduo e contemplarmos aquela vida complexa, tumultuada e sem interrupção das sociedades humanas, que é a história, o fenômeno da normatividade nos aparecerá de modo não menos impressionante e ainda mais merecedor da nossa reflexão. A história pode ser imaginada como uma imensa torrente fluvial represada: as barragens são as regras de conduta – religiosas, morais, jurídicas, sociais –, que detiveram a corrente das paixões, dos interesses, dos instintos, dentro de certos limites, e que permitiram a formação daquelas sociedades estáveis, com as suas instituições e com os seus ordenamentos, que chamamos de "civilização". Há, indubitavelmente, um ponto de vista normativo no estudo e na compreensão da história humana: é o ponto de vista segundo o qual as civilizações são caracterizadas pelos ordenamentos de regras nas quais as ações dos homens que as criaram estão contidas. A história apresenta-se, então, como um complexo de ordenamentos normativos que se sucedem, se sobrepõem, se contrapõem, se integram. Estudar uma civilização do ponto de vista normativo significa, afinal, perguntar-se quais ações foram, naquela determinada sociedade, proibidas, quais ordenadas, quais permitidas; significa, em outras palavras, descobrir a direção ou as direções fundamentais em que se conduzia a vida de cada indivíduo. Perguntas do gênero "Junto a determinado povo, eram permitidos ou proibidos os sacrifícios humanos? Era proibida ou permitida a poligamia, a propriedade dos bens imóveis, a escravidão? Como eram reguladas as relações de família e o que era permitido e o que era proibido ao pai ordenar aos filhos? Como era regulado o exercício do poder e quais eram os deveres e os direitos dos súditos diante do chefe, e quais os deveres e os direitos do chefe diante dos súditos?" são todas perguntas que pressupõem o conhecimento da função que tem o sistema normativo de caracterizar uma dada sociedade, e não podem ser respondidas senão por meio do estudo das regras de conduta que moldaram a vida daqueles homens, distinguindo-a da vida de outros homens, pertencentes a outra sociedade inserida em outro sistema normativo.

1.2. Variedade e multiplicidade das normas

Nem bem começamos a deslocar o olhar para o mundo do normativo e uma das razões de maior surpresa é que este mundo é enormemente vário e múltiplo.

As normas jurídicas, às quais dedicaremos de modo particular a nossa atenção, não passam de uma parte da experiência normativa. Além das normas jurídicas, existem preceitos religiosos, regras morais, sociais, costumeiras, regras daquela ética menor que é a etiqueta, regras da boa educação etc. Além das normas sociais, que regulam a vida do indivíduo quando ele convive com outros indivíduos, há normas que regulam as relações do homem com a divindade, ou ainda do homem consigo mesmo. Todo indivíduo pertence a diversos grupos sociais: à Igreja, ao Estado, à família, às associações que têm fins econômicos, culturais, políticos ou simplesmente recreativos. Cada uma dessas associações constitui-se e desenvolve-se por meio de um conjunto ordenado de regras de conduta. Cada indivíduo, ademais, separado da sociedade a que pertence, formula para a direção da própria vida programas individuais de ação: também esses programas são conjuntos de regras. Cada grupo humano, cada indivíduo singular, enquanto estipula objetivos a atingir, estipula também os meios mais adequados, ou aqueles que julga mais adequados para atingi-los. A relação meio/fim dá, geralmente, origem a regras de conduta do tipo: "Se você quer atingir o objetivo *A*, *deve* praticar a ação *B*.". São regras de conduta: tanto os dez mandamentos quanto as prescrições do médico; tanto os artigos de uma Constituição quanto as regras do xadrez ou do *bridge*; tanto as normas de direito internacional, que estabelecem como devem comportar-se os Estados em suas relações recíprocas, quanto o regulamento de um condomínio; tanto as consideradas normas sociais quanto as regras da gramática, da sintaxe de uma língua; tanto as normas religiosas para o bom proceder nesta vida quanto as regras de trânsito para mover-se no tráfego sem acidentes. Todas essas regras são muito diversas pelas finalidades que perseguem, pelo conteúdo, pelo tipo de obrigação que fazem surgir, pelo âmbito de suas validades, pelos sujeitos a quem se dirigem. Mas todas têm em comum um elemento característico, que consiste, como veremos melhor em seguida, em ser proposições que têm a finalidade de influenciar o comportamento dos indivíduos e dos grupos, de dirigir as ações dos indivíduos e dos grupos rumo a certos objetivos em vez de rumo a outros.

O número de regras que nós, seres que agem com finalidade, cotidianamente encontramos em nosso caminho é incalculável, ou seja, é tal que enumerá-las é um esforço vão, como contar os grãos de areia de uma praia. O itinerário de todas as nossas ações, ainda que modesto, é assinalado por um tal número de proposições normativas que é dificilmente imaginável por aquele que age sem muito pensar nas condições em que o faz. Para dar um exemplo, retirado da vida cotidiana, vamos tentar perceber o número de regras jurídicas (e refiro-me apenas às regras jurídicas, para não estender muito a análise) que traçam o percurso do simples ato de enviar uma carta. A aquisição do selo é um negócio jurídico, particularmente um contrato de compra e venda, regulado em detalhes pelo Código Civil, do qual derivam obrigações e, portanto, limites bem precisos para a conduta (o adquirente, por exemplo, deve oferecer o justo preço e o vendedor, fornecer uma mercadoria sem defeitos). Qual selo devo colar na carta? O tipo de selo a ser colado está prescrito em uma outra minuciosa regulamentação de tarifas postais, e depende não só do tipo de remessa, mas do seu formato, do seu peso, da maior ou menor garantia que eu quero ter pela sua entrega à destinação. Como devo colar o selo? Posso colá-lo como e onde quiser? Em nosso ordenamento, não há limites para esta ação (e portanto é uma ação permitida, ou pelo menos sujeita não a um comando, mas a um conselho), porém não se pode excluir a possibilidade de que amanhã até mesmo isso se torne regulado juridicamente, decorrendo daí que agir contra a regra traria consequências desagradáveis, como a de que a carta não chegue a seu destino ou então a de uma multa. No momento em que eu colo o selo correto, surge uma nova relação, nada menos que entre mim e a administração pública, e deste vínculo nascem obrigações (não pretendemos precisar se perfeitas ou imperfeitas, em quais casos perfeitas e em quais casos não) para que a carta alcance seu destino. O trajeto da carta, do momento em que parte ao momento em que chega, é fonte de inumeráveis obrigações por parte de todos aqueles que a este trajeto estão relacionados: empregados postais, encarregados do transporte das cartas, carteiros etc. Finalmente, como se não bastasse, escrever uma carta envolve também a Constituição. De fato, o que significa o art. 15 da Constituição italiana que diz: "a liberdade e o sigilo da correspondência e de toda outra forma de comunicação são invioláveis", senão que, no ato de enviar uma carta, surge em mim um direito subjetivo para que esta carta, por exemplo, não seja aberta pelas autoridades policiais e, portanto, uma limitação obrigatória à ação dos órgãos estatais?

1.3. O direito é instituição?

Embora possa parecer, pelo que se disse até aqui, que o elemento característico da experiência jurídica seja o fenômeno da normatização, sendo portanto legítimo o ponto de vista normativo por onde iniciamos, não podemos deixar de mencionar que existem teorias diversas da normativa que consideram como elementos característicos da experiência jurídica fatos diversos das regras de conduta. Há, segundo penso, pelo menos duas teorias que são distintas da normativa: a teoria do direito como *instituição* e a teoria do direito como *relação*. Antes de prosseguir, devemos examiná-las, com o intuito de julgar sua maior ou menor validade.

A teoria do direito como instituição foi elaborada, ao menos na Itália (deixo de ocupar-me daquela que habitualmente se considera como o precedente francês, ou seja, a doutrina de Hauriou), por Santi Romano em um livro muito importante: *L'ordinamento giuridico* [O ordenamento jurídico] (1917, 1945). O polêmico alvo de Romano é precisamente a teoria normativa do direito. Desde as primeiras páginas ele lamenta a insuficiência e os equívocos da teoria normativa tal como é aceita pela maior parte dos juristas, e contrapõe, à concepção do direito como norma, a concepção do direito como instituição. O que ele entende por instituição extrai-se do tópico 10 (ROMANO, 1945), do qual aqui reproduzo os pontos relevantes.

> O conceito de direito deve conter os seguintes elementos essenciais:
>
> a) Antes de tudo, deve-se retornar ao conceito de sociedade, isto em dois sentidos recíprocos que se completam: o que não sai da esfera puramente individual, que não supera a vida de cada um enquanto tal, não é direito (*ubi ius ibi societas*) e, além disso, não há sociedade, no sentido correto da palavra, sem que nela se manifeste o fenômeno jurídico (*ubi societas ibi ius*) [...]
>
> b) O conceito de direito deve, em segundo lugar, conter a ideia de ordem social: o que serve para excluir cada elemento que conduza ao arbítrio puro ou à força material, isto é, não ordenada [...] Cada manifestação social, somente pelo fato de ser social, é ordenada pelo menos em relação aos cidadãos [...]
>
> c) A ordem social posta pelo direito não é aquela dada pela existência, originada de qualquer maneira, de normas que disciplinam as relações sociais: ela não exclui tais normas, ao contrário, serve-se delas e as compreende em sua órbita; contudo, ao mesmo tempo, as ultrapassa e supera. Isso quer dizer que, antes de ser norma, antes de concernir a uma simples relação ou a uma série de relações sociais, é organização, estrutura, situação da mesma sociedade em que se desenvolve, e a qual constitui como unidade, como ente por si só.

Disso se vê que, para Romano, os elementos constitutivos do conceito de direito são três: a *sociedade*, como base de fato sobre a qual o direito ganha existência; a *ordem*, como fim a que tende o direito; e a *organização*, como meio para realizar a ordem. Pode-se dizer, em síntese, que para Romano existe direito quando há uma *organização de uma sociedade ordenada* ou, em outras expressões análogas, uma *sociedade ordenada por meio de uma organização*, ou uma *ordem social organizada*. Essa sociedade ordenada e organizada é aquilo que Romano chama de *instituição*. Dos três elementos constitutivos, o mais importante, aquele decisivo, é certamente o terceiro, a organização: os dois primeiros são necessários, mas não suficientes. Só o terceiro é a razão suficiente do direito, a razão pela qual o direito é aquilo que é, e sem a qual não seria o que é. Isso significa que o direito nasce no momento em que um grupo social passa de uma fase inorgânica para uma fase orgânica, da fase de grupo inorgânico, ou não organizado, para a fase de grupo organizado. Por exemplo, a classe social é certamente uma forma de grupo humano, mas não tendo uma organização própria, não exprime um direito próprio, não é uma instituição. Uma associação de delinquentes, ao contrário, que se exprime em uma organização e cria o seu próprio direito (o direito da sociedade de delinquentes), é uma instituição. O fenômeno da passagem da fase inorgânica para a fase orgânica chama-se também *institucionalização*. Dizemos que um grupo social institucionaliza-se quando cria a própria organização, e por meio dela torna-se, segundo Romano, um ordenamento jurídico. Com isso, no entanto, revela-se uma incongruência, embora marginal, na doutrina de Romano: se é verdade que a organização é o elemento constitutivo primário da sociedade jurídica, e se também é verdade que há sociedades não organizadas, pode-se aceitar a máxima *ubi ius ibi societas*, mas não se pode aceitar a máxima inversa, também acolhida por Romano, *ubi societas ibi ius*. Em outras palavras: pode-se muito bem admitir que o direito pressuponha a sociedade, ou que seja o produto da vida social, mas não se pode admitir que toda sociedade seja jurídica.

1.4. O pluralismo jurídico

É preciso reconhecer o mérito da teoria institucionalista de ter alargado os horizontes da experiência jurídica para além das fronteiras do Estado. Fazendo do direito um fenômeno social e considerando o fenômeno da organização como critério fundamental para distinguir uma sociedade jurídica de uma sociedade não jurídica, essa teoria rompeu com o círculo fechado da teoria estatista do direito, que considera direito apenas o direito estatal, e identifica o âmbito do direito com o do Estado. Embora possa escandalizar um pouco o jurista que, limitando as suas próprias observações e seu estudo ao ordenamento jurídico estatal, é induzido a julgar que não haja outro direito senão aquele do Estado, para a teoria institucionalista, até uma associação de delinquentes, desde que seja organizada com a finalidade de manter a ordem entre os seus membros, é um ordenamento jurídico. Além disso, não existiram, historicamente, Estados que pudessem ser comparados com associações de delinquentes, devido à violência e à fraude por meio das quais se conduziram frente aos seus cidadãos e àqueles de outros Estados? Não chamava Santo Agostinho os Estados de *magna latrocinia*? E eram talvez por isso menos Estados, isto é, menos ordenamentos jurídicos do que aqueles Estados que porventura se fizeram conduzir segundo a justiça?

A teoria estatista do direito é produto histórico da formação dos grandes Estados modernos, erigidos sobre a dissolução da sociedade medieval. Essa sociedade era pluralista, isto é, formada por vários ordenamentos jurídicos que se opunham ou se integravam: havia ordenamentos jurídicos universais, acima daqueles que hoje são os Estados nacionais, como a Igreja e o Império, e havia ordenamentos particulares abaixo da sociedade nacional, como os feudos, as corporações e as comunas. Também a família, considerada pela tradição do pensamento cristão como uma *societas naturalis*, era em si mesma um ordenamento. O Estado moderno foi formado por meio da eliminação ou da absorção dos ordenamentos jurídicos superiores e inferiores pela sociedade nacional, por meio de um processo que se poderia chamar de *monopolização da produção jurídica*. Se por *poder* entendêssemos a capacidade que têm certos grupos sociais de emanar normas de conduta válidas para a totalidade dos membros daquela comunidade, e de fazê-las respeitadas recorrendo até mesmo à força (o considerado *poder coativo*), a formação do Estado moderno caminharia *pari passu* com a formação de um poder coativo sempre mais centralizado, e, portanto, com a gradual supressão dos centros de poder a ele inferiores e superiores, o que gerou como consequência a eliminação de todo centro de produção jurídica que não fosse o próprio Estado. Se hoje persiste ainda uma tendência em identificar o direito com o direito estatal, essa é a consequência histórica do processo de centralização do poder normativo e coativo que caracterizou o surgimento do Estado nacional moderno. A máxima consagração teórica desse processo é a filosofia do direito de Hegel, na qual o Estado é considerado o Deus terreno, ou seja, o sujeito último da história, que não reconhece, nem abaixo nem acima de si, qualquer outro sujeito, e a quem os indivíduos e os grupos devem obediência incondicional.

A doutrina institucionalista representa uma reação ao estatismo. Ela é uma das tantas maneiras pelas quais os teóricos do direito e da política tentaram resistir à invasão do Estado. Ela nasce ora da reavaliação das teorias jurídicas da tradição cristã, como em Georges Renard (ver a *Théorie de l'institution* [Teoria da instituição], 1930), ora da influência das correntes socialistas libertárias (Proudhon), ou anárquicas, ou sindicalistas, como é o caso de Georges Gurvitch (ver *L'idée du droit social* [A ideia do direito social], 1932, e a *Dichiarazione dei diritti sociali* [Declaração dos direitos sociais], 1949), e se converte em teoria do direito, na França, com Maurice Hauriou, e, na Itália, com Santi Romano. Foi acolhida e universalizada na Itália por Guido Fassò, que, considerando instituição até mesmo a relação jurídica entre duas pessoas, faz dela a categoria primária da experiência jurídica (ver a *Storia come esperienza giuridica* [História como experiência jurídica], 1953). Encontrou fecunda aplicação no estudo dos ordenamentos particulares ou das situações concretas por parte de um filósofo do direito como Cesarini-Sforza, que estuda o direito dos particulares, isto é, a esfera da chamada, "autonomia privada", como um ordenamento jurídico distinto do ordenamento estatal (CESARINI-SFORZA, 1929, p. 43-125); pelos historiadores do direito, como Grosso (1948, p. 3 ss.), que se vale do conceito de instituição e da teoria da pluralidade de ordenamentos jurídicos para uma mais adequada compreensão do direito romano, e, mais recentemente, por um civilista, Salvatore Romano (1995, p. 249-331), que, retomando o estudo de

Cesarini-Sforza, reexamina todo o problema do direito privado à luz da teoria da pluralidade de ordenamentos jurídicos. Uma aplicação ao caso específico da relação entre o ordenamento cavalheiresco e o ordenamento estatal foi realizada com incomparável apuro por Piero Calamandrei (1929, p. 155-70).

1.5. Observações críticas

Toda teoria pode ser considerada do ponto de vista do seu significado ideológico e do ponto de vista do seu valor científico. Como ideologia, uma teoria tende a afirmar certos valores ideais e a promover certas ações. Como doutrina científica, sua meta não é outra senão compreender uma certa realidade e dar-lhe uma explicação. Aqui não estamos discutindo a teoria da instituição como ideologia, e por isso não nos propomos a julgar se é bom ou ruim, útil ou nocivo, oportuno ou inoportuno afirmar que o Estado não é o único centro produtor de normas jurídicas, nem quais são as consequências práticas dessa afirmação. A teoria da instituição é por nós examinada como teoria científica, isto é, como teoria que se propõe a oferecer meios distintos e melhores do que os oferecidos pela teoria normativa para a compreensão do fenômeno jurídico. Digamos somente, com relação ao alargamento dos horizontes do jurista para além das fronteiras do Estado, que o problema sobre o qual se insiste na polêmica entre pluralistas e monistas, se o direito é apenas aquele produzido pelo Estado ou também aquele produzido por grupos sociais diversos do Estado, é uma questão fundamentalmente de palavras. As definições de termos científicos são convencionais (os lógicos falam de *definições estipulativas*), o que significa que ninguém tem o monopólio da palavra "direito", e que pode ser usada tanto no sentido mais amplo quanto no mais restrito, conforme a ocasião em que o único juiz é o próprio cientista. Quem afirma que direito é apenas o direito estatal usa a palavra "direito" em sentido restrito. Quem sustenta, seguindo os institucionalistas, que direito é também aquele de uma associação de delinquentes usa o termo "direito" em sentido mais amplo. Porém, não há uma definição verdadeira e uma falsa, mas somente, se tanto, uma definição mais oportuna e uma menos oportuna. Posta a questão nesses termos, se devesse exprimir a minha opinião, diria que me parece mais oportuna a definição ampla, isto é, aquela proposta pelos institucionalistas, porque, limitando o significado da palavra "direito" às normas de conduta emanadas do poder estatal, contraria-se o uso linguístico geral que chama de direito também o direito internacional e aquele da Igreja, o que pode gerar algumas confusões.

No que concerne ao valor científico da teoria da instituição, isto é, se a consideração do direito como instituição é válida para substituir a teoria normativa na compreensão e na explicação do fenômeno jurídico, proponho as duas observações críticas seguintes:

a) Antes de tudo, a teoria da instituição, acreditando combater a teoria normativa ao demolir a teoria estatista do direito, aponta para um alvo falso. A teoria normativa não coincide absolutamente *em linha de princípio* com a teoria estatista, ainda que, *em linha de fato*, muitos juristas estatistas sejam normativistas e vice-versa. A teoria normativa limita-se a afirmar que o fenômeno originário da experiência jurídica é a regra de conduta, enquanto a teoria estatista, além de afirmar que o direito é um conjunto de regras, afirma que essas regras têm características particulares (por exemplo, serem coativas) e, como tais, distinguem-se de qualquer outro tipo de regra de conduta. A teoria estatista é uma teoria normativa restrita. E, portanto, não há nenhuma razão para se considerar a teoria normativa em si menos ampla do que a teoria institucional. Em suma, não existe nenhuma razão que induza a rejeitar que a teoria normativa também possa ser compatível com o pluralismo jurídico, uma vez que não há nenhum motivo para restringir a palavra "norma", assim como é usada pela teoria normativa, somente às normas do Estado.

b) Romano escreveu que "antes de ser norma", o direito "é organização". Ora, essa afirmação é contestável. O que significa organização? Significa distribuição de tarefas de modo que cada membro do grupo contribua, segundo suas próprias capacidades e competências, para a realização do fim comum; mas essa distribuição de tarefas não pode ser cumprida senão mediante regras de conduta. E então, não é verdadeiro que a organização venha antes das normas, mas sim o oposto, que as normas venham antes da organização. Uma sociedade organizada, uma instituição, é constituída por um grupo de indivíduos, os quais disciplinam suas respectivas atividades com o objetivo de perseguir um fim comum, isto é, um fim que não poderia ser alcançado por indivíduos sozinhos, isoladamente considerados. A instituição nasce ali onde surge e toma forma uma certa disciplina de condutas individuais, destinada a conduzi-las a um fim comum. Mas uma disciplina é o produto de uma regulamentação, isto é, de um complexo de regras de conduta. Particularmente, para que se possa desenvolver o processo de institucionalização que transforma um grupo inorgânico em um grupo organizado, isto é, em um ordenamento jurídico, ocorrem três condições:

1) que sejam fixados os fins que a instituição deverá perseguir;
2) que sejam estabelecidos os "meios", ou ao menos os meios principais, que se consideram apropriados para alcançar aqueles fins;
3) que sejam atribuídas as funções específicas dos indivíduos componentes do grupo para que cada um colabore, pelos meios previstos, para a obtenção do fim.

Ora, está claro que, quer a determinação dos fins, quer a determinação dos meios e das funções só podem ocorrer por meio de regras, sejam elas escritas ou não, proclamadas solenemente em um estatuto (ou Constituição) ou aprovadas tacitamente pelos membros do grupo, o que vale dizer que o processo de institucionalização e a produção de regras de conduta não podem andar separados e que, portanto, onde quer que haja um grupo organizado, estaremos seguros de também encontrar um complexo de regras de conduta que deram vida àquela organização ou, em outras palavras, se instituição equivale a ordenamento jurídico, ordenamento jurídico equivale a complexo de normas. Porém, assim, a teoria da instituição não exclui, ao contrário, *inclui* a teoria normativa do direito, a qual não sai dessa polêmica vencida, mas, talvez, reforçada.

Temos essa confirmação em um ensaio de M. S. Giannini, *Sulla pluralità degli ordinamenti giuridici* [Sobre a pluralidade dos ordenamentos jurídicos] (1950), que, reafirmando a equivalência das duas expressões "grupo organizado" e "ordenamento jurídico", tem o cuidado de distinguir o fenômeno da *normatização* (isto é, da produção das normas) do fenômeno da *organização*. Ele observa que pode haver normatização sem organização: por exemplo, a classe social, mesmo não sendo um grupo organizado, produz regras de conduta (normas sociais) para os seus componentes, *mas não pode haver organização sem normatização*. Em outras palavras, se é verdadeiro que uma produção de normas, quaisquer que sejam, não basta para criar uma instituição, é também verdadeiro que uma instituição não pode ser criada sem uma produção de regras. E, portanto, a produção de regras é sempre o fenômeno originário, ainda que não exclusivo, para a constituição de uma instituição.

Tudo o que dissemos até aqui para defender a teoria normativa significa que talvez queiramos repelir totalmente a teoria da instituição? Certamente não. Para nós, a teoria da instituição teve o grande mérito, mesmo prescindindo de seu significado ideológico, que não pretendemos discutir, de pôr em relevo o fato de que somente se pode falar em direito onde há um complexo de normas formando um ordenamento e, portanto, o direito não é norma, mas um conjunto coordenado de normas. Concluindo, uma norma jurídica não se encontra nunca sozinha, mas é ligada a outras normas com as quais forma um sistema normativo. Graças também à teoria da instituição, a teoria geral do direito veio evoluindo cada vez mais da teoria das normas jurídicas à teoria do ordenamento jurídico, e os problemas que vêm se apresentando aos teóricos do direito são cada vez mais conexos à formação, à coordenação e à integração de um sistema normativo.

1.6. O direito é relação intersubjetiva?

Que o elemento característico da experiência jurídica seja a relação intersubjetiva é, ao contrário da teoria institucional, doutrina velhíssima e periodicamente recorrente. Se observarmos bem, ela nasce da mesma ideia fundamental de que nasce a teoria da instituição, qual seja, a de que o direito é um fenômeno social, que tem sua origem na sociedade. É de se notar que a teoria da instituição surgiu criticando não apenas a teoria normativa, como mostramos até aqui, mas também a teoria da relação intersubjetiva. Segundo os defensores do institucionalismo (sobretudo os franceses), uma pura e simples relação entre dois sujeitos não pode constituir direito; para que surja o direito, é necessário que essa relação esteja inserida em uma série mais vasta e complexa de relações constituintes, ou seja, a instituição. Duas pessoas isoladas que se encontram somente para estabelecer entre si a regulamentação de certos interesses particulares não constituem ainda direito. Este nascerá apenas quando essa regulamentação tornar-se de um certo modo estável, e originar uma organização permanente da atividade dos dois indivíduos.

Os institucionalistas, em geral, refutam a doutrina da relação porque julgam que seja inspirada em uma concepção individualista do direito, aquela prevalecente no jusnaturalismo dos séculos XVII e XVIII, segundo a qual o direito é produto da vontade dos indivíduos isolados, considerados cada um como uma unidade separada das outras e que, de fato, tinha elevado à suprema categoria jurídica o acordo entre duas ou mais vontades individuais; isto é, o contrato, de modo a gerar a sociedade por excelência, ou seja, o Estado, mediante o ajuste de vontades entre indivíduos particulares que se chamou *contrato social*. A doutrina da instituição, ao contrário, inspira-se nas correntes sociológicas mais modernas, que acusaram o individualismo jusnaturalista de utopismo e racionalismo abstrato, e afirmam a realidade do grupo social como distinta da dos indivíduos particulares que a compõem. Logo, partindo desse pressuposto, consideram o direito como um produto não do indivíduo ou dos indivíduos, mas da sociedade em seu complexo.

Como contraprova da afirmação dos institucionalistas, segundo a qual a teoria da relação enterra suas raízes no individualismo abstrato dos iluministas, pode-se lembrar que um dos mais ilustres e coerentes representantes do iluminismo jurídico, Immanuel Kant, expõe na sua *Doutrina do Direito* (1797) uma clara teoria do direito como relação jurídica. Kant, depois de ter ofertado sua célebre definição do direito como "conjunto das condições por meio das quais o arbítrio de um pode se acordar com o arbítrio de um outro segundo uma lei universal da liberdade" (KANT, 1956, p. 407), põe-se a investigar os elementos constitutivos do conceito de direito. E assim ele descreve o primeiro desses requisitos:

> O conceito de direito, quando se refere a uma obrigação correspondente [...], considera *em primeiro lugar* apenas a relação externa, e precisamente prática, de uma pessoa para com outra, enquanto suas ações possam (imediata ou mediatamente) exercer, como fatos, influência umas sobre as outras (KANT, 1956, p. 406).

Quanto ao segundo requisito, Kant afirma que essa relação entre dois sujeitos, para ser uma relação jurídica, deve se dar entre dois arbítrios, e não entre o arbítrio de um e o simples desejo do outro. O que importa sobretudo a Kant, ao colocar o direito como relação entre dois sujeitos, é afastar a tese de que ele possa consistir também em uma relação entre um sujeito e uma coisa. Para Kant, há quatro tipos possíveis de relações entre um sujeito e outros:

1) a relação entre um sujeito que tem direitos e deveres com outro que tem apenas direitos e não deveres (Deus);
2) a relação de um sujeito que tem direitos e deveres com outro que tem apenas deveres e não direitos (o escravo);
3) a relação de um sujeito que tem direitos e deveres com outro que não tem nem direitos nem deveres (os animais, as coisas inanimadas);
4) a relação de um sujeito que tem direitos e deveres com outro que tem direitos e deveres (o homem).

Dessas quatro relações, somente a última é relação jurídica.

Uma segunda contraprova é dada pelo mais notável e influente representante da corrente neokantiana na filosofia do direito contemporânea na Itália, Giorgio del Vecchio. Para Del Vecchio, o mesmo princípio ético pode se traduzir em uma dupla ordem de valoração: 1) em relação ao mesmo sujeito que pratica a ação (que pode escolher a ação devida e afastar a proibida); e 2) em relação aos sujeitos a quem a ação é dirigida (que podem escolher entre deixar cumprir a ação ou impedi-la).

A primeira ordem de valoração constitui a valoração moral; a segunda, a valoração jurídica. Daqui derivam a subjetividade da ação moral e a intersubjetividade da ação jurídica, a unilateralidade da norma moral e a bilateralidade da norma jurídica; deriva, consequentemente, a definição do direito como coordenação objetiva do agir, o que implica a visão do direito (à diferença da moral) como um conjunto de relações entre sujeitos em que, se um tem o poder de executar uma certa ação, o outro tem o dever de não impedi-la.

1.7. Exame de uma teoria

A mais recente teoria do direito como relação jurídica está exposta na *Teoria generale del diritto* [*Teoria Geral do Direito*], de Alessandro Levi (1953). Pode-se dizer que Levi fez do conceito de relação jurídica a pilastra sobre a qual erigiu sua construção. Desde o início, fala da relação jurídica como o conceito "sobre o qual se funda a construção sistemática, ou científica, de todo ordenamento jurídico" (LEVI, 1953, p. 23). A relação jurídica tem sido muitas vezes definida como o conceito fundamental do ordenamento jurídico: "Este conceito de relação jurídica [...], não o conceito de dever, nem o de direito subjetivo, e *tampouco o de norma*, [...] é o conceito fundamental, central do ordenamento jurídico" (LEVI, 1953, p. 26). Sua importância revela-se também no fato de que Levi o eleva a conceito filosófico, quase uma espécie de categoria fundamental e originária para a compreensão do direito. Fala do conceito de relação jurídica como daquele em que se concretiza o "universal jurídico", ou "o momento jurídico do espírito humano" (LEVI, 1953, p. 27). Mais precisamente:

> Não é um conceito meramente empírico ou técnico, que represente uma síntese aproximada de dados tomados indutivamente da realidade considerada *a parte obiecti* [a partir do objeto], porém constitui, em sua mais concreta essência, o limite lógico de todo outro conceito técnico (LEVI, 1953, p. 29).

Por "relação jurídica", Levi entende, no sentido tradicional da palavra, uma relação intersubjetiva, quer dizer, entre dois sujeitos dos quais um é titular de uma obrigação, e o outro, de um direito. A função categorial da intersubjetividade é dada pelo fato de que dela serve-se o filósofo do direito para distinguir o direito da moral (que é subjetiva) e da economia (que relaciona o homem com as coisas). Assim se exprime Levi:

> [a valoração jurídica] não valoriza o ato em relação às coisas sobre as quais se exerce, ou, mais apropriadamente, em relação aos bens, materiais ou imateriais, com os quais o sujeito tende a satisfazer suas necessidades, nem em relação a um ideal de vida a que o sujeito aspira se aproximar, ou, mais particularmente, em relação à divindade, que se crê observar e julgar todo movimento da alma; mas tão somente *em relação a outros sujeitos*, isto é, aos seus comportamentos, positivos ou negativos, complementares ao comportamento do sujeito de quem se trata, na medida em que eles tenham o direito de exigir-lhe um determinado comportamento, ou, ao contrário, um dever complementar a um direito seu, ou pelo menos a obrigação de abster-se de impedir esse comportamento (LEVI, 1953, p. 27).

Não obstante o propósito várias vezes declarado de construir uma teoria geral do direito fundada no conceito de relação jurídica, receio que Levi não tenha permanecido sempre fiel a seu intuito. Para realizá-lo, Levi deveria ter resolvido os problemas fundamentais da teoria geral do direito recorrendo ao conceito de relação jurídica. Mas isso nem sempre aconteceu. Desde o início, gera-nos suspeita o fato de considerar a norma como a *fonte ideal* da relação, e afirmar que não pode haver direito além do reconhecimento dado pelo direito objetivo. Mas, então, não é verdadeiro que a juridicidade de uma relação seja intrínseca à relação, porque ela nasce, ao contrário, do fato de que essa relação é regulada por uma norma jurídica e, em consequência, para responder à pergunta "o que é o Direito?". Ele se refere, como qualquer seguidor da teoria normativa, à regra que define a relação, e não à relação regulada. Essa suspeita se agrava quando, devendo indicar as características constitutivas da relação jurídica (isto é, não de qualquer relação intersubjetiva, mas de uma específica), diz que são elas a *tutela*, a *sanção*, a *pretensão* e a *prestação* (LEVI, 1953, p. 30). No entanto, estas não são características da relação intersubjetiva considerada em si mesma (uma relação de amizade, por exemplo, é intersubjetiva, sem que, por outro lado, tais características se manifestem), mas antes são deduzidas do fato de que essa relação é regulada por uma norma que prevê uma sanção no caso de seu rompimento; em suma, do fato de que é regulada por uma norma jurídica. Neste ponto nos perguntamos se o que constitui a relação como relação jurídica não é porventura a norma que a regula e, nesse caso, a teoria da relação jurídica também acabaria por desembocar, assim como a teoria da instituição, na teoria normativa. É o que veremos melhor no tópico seguinte.

1.8. Observações críticas

A razão pela qual acreditamos que conceber o direito como relação intersubjetiva não elimina a consideração normativa pode ser formulada do seguinte modo. Uma relação jurídica, como foi visto, é uma relação entre dois sujeitos, dentre os quais um deles, o sujeito ativo, é titular de um direito, o outro, o sujeito passivo, é titular de um dever, uma obrigação. A relação jurídica é, em outras palavras, uma relação direito-dever. Ora, o que significa ter um direito? Significa, como veremos melhor em seguida, ter o poder de realizar uma certa ação. Mas de onde deriva esse poder? Não pode derivar senão de uma regra, a qual, no mesmo momento em que me atribui esse poder, atribui a um outro, a todos os outros, o dever de não impedir a minha ação. E o que significa ter um dever? Significa estar obrigado a comportar-se de um certo modo, quer essa conduta consista em um fazer, quer em um não fazer. Mas de onde deriva essa obrigação? Não pode derivar senão de uma regra, a qual ordena ou proíbe. Em essência, o direito não passa do reflexo subjetivo de uma norma permissiva, o dever não é senão o reflexo subjetivo de uma norma imperativa (positiva ou negativa). A relação jurídica, enquanto direito-dever, remete sempre a duas regras de conduta, dentre as quais a primeira atribui um poder, a outra atribui um dever. Que depois, de fato, dessas duas normas seja suficiente que se enuncie uma só, que o momento em que se atribui um direito a um sujeito implica sempre a atribuição de um dever a outros sujeitos, e vice-versa, não altera em nada a questão substancial, isto é, que direito e dever são as figuras subjetivas nas quais se refletem a presença de uma regra, e portanto a relação jurídica é aquela que se distingue de todos os outros tipos de relação por ser regulada por uma norma jurídica.

A relação jurídica é caracterizada não pela matéria que constitui seu objeto, mas pelo modo por meio do qual os sujeitos se comportam um em face do outro. E se exprime também desta maneira: o que caracteriza a relação jurídica não é o *conteúdo*, mas a *forma*. E isso significa: não se pode determinar se uma relação é jurídica com base nos interesses em jogo; pode-se determiná-la apenas com base no fato de ser ou não regulada por uma norma jurídica. O problema da caracterização do direito não reside no plano da relação, encontra-se somente no plano das normas que regulam a relação. Em outras palavras: dado um vínculo de interdependência entre relação jurídica e norma jurídica, nós não diríamos que uma norma é jurídica porque regula uma relação jurídica, mas sim que uma relação é jurídica porque é regulada por uma norma jurídica. Não existe, na natureza, ou melhor, no campo das relações humanas, uma relação que seja, por si mesma, isto é, *ratione materiae*, jurídica: há relações econômicas, sociais, morais, culturais, religiosas, há relações de amizade, indiferença, inimizade, há relações de coordenação, de subordinação, de integração, mas nenhuma dessas relações é *naturalmente* jurídica. Relação jurídica é aquela que, qualquer que seja o seu conteúdo, é tomada em consideração por uma norma jurídica, é subsumida por um ordenamento jurídico, é *qualificada* por uma ou mais normas pertencentes a um ordenamento jurídico. Veremos melhor em seguida quais as consequências geradas por uma ação humana estar qualificada como jurídica. Até aqui, basta ter colocado em evidência que é a norma que qualifica a relação e a transforma em relação jurídica, e não vice-versa. Como consequência, se é verdade que nenhuma relação é *naturalmente* jurídica, é igualmente verdade que qualquer relação entre homens pode se tornar jurídica, desde que seja regulada por uma norma pertencente a um sistema jurídico. Diz-se entre os juristas que uma relação, enquanto não for regulada pelo direito, é uma *relação de fato*. A recepção por parte do ordenamento jurídico – recepção esta que vem a atribuir a um dos dois sujeitos uma obrigação e ao outro um dever – transforma a relação de fato em jurídica. A relação entre um vendedor e um comprador é de natureza econômica, o que a torna jurídica é o fato de o ordenamento jurídico atribuir aos seus dois sujeitos direitos e deveres. A relação de fidelidade entre os cônjuges é antes de tudo de natureza ética, torna-se jurídica quando o ordenamento transforma essa relação moral em uma relação geradora de direitos e obrigações juridicamente relevantes.

A conclusão que almejamos tirar dessas considerações é que as teorias da instituição e da relação não excluem, mas incluem, a teoria normativa, o que equivale a dizer que a teoria normativa permanece válida não obstante a teoria da instituição e a teoria da relação – ou melhor, ela é o pressuposto de validade de ambas.

Pode-se somar ainda a consideração seguinte: as três teorias não se excluem entre si, e assim é estéril toda batalha doutrinal para fazer triunfar uma ou outra. Diria até mesmo que essas três teorias integram-se utilmente. Cada uma põe em evidência um aspecto da multiforme experiência jurídica: a teoria da relação, o aspecto da *intersubjetividade*; a da instituição, o da *organização social*; a normativista, o da *regularidade.* Com efeito, a experiência jurídica nos coloca frente a um mundo de *relações* entre sujeitos humanos *organizados* estavelmente em sociedade mediante o uso de *regras* de conduta. Ocorre que, dos três aspectos complementares, o fundamental é sempre o aspecto normativo. A intersubjetividade e a organização são condições *necessárias* para a formação de uma ordem jurídica; o aspecto normativo é a condição *necessária* e *suficiente.*

Capítulo 2

Justiça, validade e eficácia

2.1. Três critérios de valoração

O estudo das regras de conduta, em particular das regras jurídicas, apresenta muitos problemas interessantes e atuais não só da teoria geral do direito (sobretudo depois de Kelsen), mas também da lógica e da filosofia contemporânea. Este curso se propõe a enfrentar alguns desses problemas.

O primeiro ponto que, a meu juízo, é preciso ter bem claro em mente se quisermos estabelecer uma teoria da norma jurídica com fundamentos sólidos, é que toda norma jurídica pode ser submetida a três valorações distintas, e que essas valorações são independentes umas das outras. De fato, frente a qualquer norma jurídica podemos colocar uma tríplice ordem de problemas: 1) se é *justa* ou *injusta*; 2) se é *válida* ou *inválida*; 3) se é *eficaz* ou *ineficaz*. Trata-se dos três problemas distintos: da *justiça*, da *validade* e da *eficácia* de uma norma jurídica.

O problema da justiça é o problema da correspondência ou não da norma aos valores últimos ou finais que inspiram um determinado ordenamento jurídico. Não tocamos aqui na questão se existe um ideal de bem comum idêntico para todos os tempos e para todos os lugares. Para nós, basta constatar que todo ordenamento jurídico persegue certos fins, e convir sobre o fato de que esses fins representam os valores a cuja realização o legislador, mais ou menos conscientemente, mais ou menos adequadamente, dirige sua própria obra. No caso de se considerar que existam valores supremos, objetivamente evidentes, perguntar se uma norma é justa ou injusta equivale a perguntar se é apta ou não a realizar esses valores. Mas, também no caso de não se acreditar em valores absolutos, o problema da justiça ou não de uma norma tem um sentido: equivale a perguntar se essa norma é apta ou não a realizar os valores históricos que inspiram certo ordenamento jurídico concreto e historicamente determinado. O problema sobre se uma norma é justa ou não é um aspecto do contraste entre mundo ideal e mundo real, entre o que deve ser e o que é: norma justa é aquela que deve ser; norma injusta é aquela que não deveria ser. Pensar sobre o problema da justiça ou não de uma norma equivale a pensar sobre o problema da correspondência entre o que é real e o que é ideal. Por isso, o problema da justiça é denominado comumente de problema *deontológico* do direito.

O problema da *validade* é o problema da *existência* da regra enquanto tal, independentemente do juízo de valor sobre se ela é justa ou não. Enquanto o problema da justiça se resolve com um juízo de valor, o problema da validade se resolve com um juízo de fato, isto é, trata-se de constatar se uma regra jurídica existe ou não, ou melhor, se tal regra assim determinada é uma regra jurídica. Validade jurídica de uma norma equivale à existência dessa norma como regra jurídica. Enquanto para julgar a justiça de uma norma é preciso compará-la a um valor ideal, para julgar a sua validade é preciso realizar investigações do tipo empírico-racional, que se realizam quando se trata de estabelecer a entidade e a dimensão de um evento. Em particular, para decidir se uma norma é válida (isto é, como regra jurídica pertencente a um determinado sistema), é necessário com frequência realizar três operações:

1) averiguar se a autoridade de quem ela emanou *tinha o poder legítimo para emanar normas jurídicas*, isto é, normas vinculantes naquele determinado ordenamento jurídico (essa investigação conduz inevitavelmente a remontar até a norma fundamental, que é o fundamento de validade de todas as normas de um determinado sistema);
2) averiguar se não foi *ab-rogada*, uma vez que uma norma pode *ter sido* válida, no sentido de que foi emanada de um poder autorizado para isso, mas não quer dizer *que ainda o seja*, o que acontece quando uma outra norma sucessiva no tempo a tenha expressamente ab-rogado ou tenha regulado a mesma matéria;
3) averiguar se não é *incompatível* com outras normas do sistema (o que também se chama *ab-rogação implícita*), particularmente com uma norma hierarquicamente superior (uma lei constitucional é superior a uma lei ordinária em uma Constituição rígida) ou com uma norma posterior, visto que em todo ordenamento jurídico vigora o princípio de que duas normas incompatíveis não podem ser ambas válidas (assim como em um sistema científico duas proposições contraditórias não podem ser ambas verdadeiras).

O problema da validade jurídica pressupõe que se tenha respondido à pergunta: o que se entende por direito? Trata-se, querendo adotar uma terminologia familiar entre os jusfilósofos, do problema *ontológico* do direito.

O problema da *eficácia* de uma norma é o problema de ser ou não seguida pelas pessoas a quem é dirigida (os chamados destinatários da norma jurídica) e, no caso de violação, ser imposta por meios coercitivos pela autoridade que a evocou. Que uma norma exista como norma jurídica não implica que seja também constantemente seguida. Não é nossa tarefa aqui indagar quais possam ser as razões para que uma norma seja mais ou menos seguida. Limitamo-nos a constatar que há normas que são seguidas universalmente de modo espontâneo (e são as mais eficazes), outras que são seguidas na generalidade dos casos somente quando estão providas de coação, outras, ainda, que não são seguidas apesar da coação, e outras, enfim, que são violadas sem que nem sequer seja aplicada a coação (e são as mais ineficazes). A investigação para averiguar a eficácia ou a ineficácia de uma norma é de caráter histórico-sociológico, volta-se para o estudo do comportamento dos membros de um determinado grupo social e diferencia-se seja da investigação tipicamente filosófica em torno da justiça, seja da tipicamente jurídica em torno da validade. Aqui também, para usar a terminologia douta, se bem que em sentido diverso do habitual, pode-se dizer que o problema da eficácia das regras jurídicas é o problema *fenomenológico* do direito.

2.2. Os três critérios são independentes

Esses três critérios de valoração de uma norma dão origem a três ordens distintas de problemas, e são independentes um do outro, no sentido de que a justiça não depende nem da validade nem da eficácia; a eficácia não depende nem da justiça nem da validade. Para mostrar essas várias relações de independência, formulemos as seis proposições seguintes:

1) *Uma norma pode ser justa sem ser válida.* Para dar um exemplo clássico, os teóricos do direito natural formulavam em seus tratados um sistema de normas advindo de princípios jurídicos universais. Quem formulava essas normas considerava-as justas, porque as inferia de princípios universais de justiça. Mas essas normas, a não ser que fossem escritas em um tratado de direito natural, não eram válidas. Tornavam-se válidas apenas na medida em que eram acolhidas por um sistema de direito positivo. O direito natural pretende ser o direito justo por excelência, mas somente pelo fato de ser justo não é também válido;
2) *Uma norma pode ser válida sem ser justa.* Aqui não é preciso ir muito longe para buscar exemplos. Nenhum ordenamento jurídico é perfeito: entre o ideal de justiça e a realidade do direito há sempre um vazio, mais ou menos grande, dependendo dos regi-

mes. Certamente o direito que, em todos os regimes de um certo período histórico e em alguns contemporâneos que consideramos civilmente ultrapassados, admite a escravidão não é justo, mas nem por isso é menos válido. Não faz muitos anos vigoravam leis raciais que nenhuma pessoa racional estaria disposta a considerar justa e, não obstante, eram válidas. Um socialista dificilmente conceberá como justo um ordenamento que reconhece e protege a propriedade individual, assim como um reacionário dificilmente admitirá como justa uma norma que considere a greve lícita. E ainda, nem o socialista nem o reacionário terão dúvidas sobre o fato de que, em um ordenamento positivo como o italiano, tanto as normas que regulam a propriedade individual quanto as que reconhecem o direito de greve são válidas;

3) *Uma norma pode ser válida sem ser eficaz.* O caso mais clamoroso é sempre o das leis de proibição de bebidas alcoólicas nos Estados Unidos da América, que vigoraram durante vinte anos entre as duas guerras. Afirma-se que o consumo de bebidas alcoólicas durante o regime proibicionista não era inferior ao consumo do período imediatamente sucessivo, quando a proibição foi abolida. Certamente se tratava de leis "válidas", no sentido de que emanadas dos órgãos que tinham competência para tanto, mas não eram eficazes. Sem ir tão longe, muitos artigos da Constituição italiana não foram até hoje aplicados. O que significa a tão frequente deplorável desaplicação da Constituição? Significa que nos encontramos frente a normas jurídicas que, embora válidas, isto é, existentes enquanto normas, não são eficazes;

4) *Uma norma pode ser eficaz sem ser válida.* Há muitas normas sociais que vão sendo seguidas espontaneamente ou pelo menos habitualmente, isto é, são eficazes, como por exemplo, entre um certo círculo de pessoas, as regras da boa educação. Essas regras, pelo simples fato de serem seguidas, não se tornam por isso regras pertencentes a um sistema jurídico, ou seja, não adquirem validade jurídica. Poder-se-ia objetar que o direito consuetudinário constitui um exemplo evidente de normas que alcançam validade

jurídica, quer dizer, chegam a fazer parte de um sistema normativo apenas por meio da eficácia. E o que é o uso constante, regular, generalizado, uniforme que se exige de um costume para que ele se torne jurídico, senão aquilo que chamamos de "eficácia"? Mas a essa objeção pode-se responder que nenhum costume torna-se jurídico só pelo uso, porque o que o faz se tornar jurídico, o que o insere no sistema, é o fato de ser acolhido e reconhecido pelos órgãos competentes desse sistema para produzir normas jurídicas, como o legislador ou o juiz. Enquanto for apenas eficaz, uma norma consuetudinária não se torna jurídica. Transforma-se em jurídica quando os órgãos de poder atribuem-lhe validade, o que confirma que a eficácia não se transforma diretamente em validade, e portanto uma norma pode continuar a ser eficaz sem por isso tornar-se jurídica;

5) *Uma norma pode ser justa sem ser eficaz.* Vimos que uma norma pode ser justa sem ser válida. Não devemos deixar de acrescentar que pode ser justa sem ser eficaz. Quando a sabedoria popular diz que "não há justiça neste mundo", refere-se ao fato de que muitos são aqueles que exaltam a justiça com palavras, poucos são os que a transformam em ato. Em geral, uma norma, para ser eficaz, deve também ser válida. Se é verdade que muitas normas de justiça não são válidas, com maior razão não são nem mesmo eficazes;

6) *Uma norma pode ser eficaz sem ser justa.* O fato de uma norma ser universalmente seguida não demonstra sua justiça, assim como também o fato de não ser absolutamente obedecida não pode ser considerado prova de sua injustiça. A derivação da justiça da eficácia poderia se equiparar a um dos argumentos mais frequentemente discutidos entre os jusnaturalistas, o chamado *consensus humani generis*, ou simplesmente *consensus omnium*. Perguntam-se os jusnaturalistas: pode-se considerar como máxima de direito natural aquela que seja acolhida por todos os povos (alguns diziam "por todos os povos civilizados")? A resposta dos mais intransigentes era a negativa explícita, e com razão, pois o fato de

a escravidão, por exemplo, ter sido praticada por todos os povos civilizados em um certo período histórico não a transformava numa instituição conforme a justiça. A justiça é independente da validade, mas também independente da eficácia.

2.3. Possíveis confusões entre os três critérios

Cada um dos três critérios até aqui examinados delimita um campo bem-determinado de investigação para o filósofo do direito. Pode-se inclusive sustentar que os três problemas fundamentais, de que tradicionalmente se ocupa e sempre se ocupou a filosofia do direito, coincidem com as três qualificações normativas da justiça, da validade e da eficácia. O problema da justiça dá lugar a todas aquelas investigações que visam a elucidar os valores supremos a que tende o direito, em outras palavras, os fins sociais, cujo instrumento mais adequado de realização são os ordenamentos jurídicos, com seus conjuntos de leis, de instituições e de órgãos. Nasce daí a filosofia do direito como *teoria da justiça*. O problema da validade constitui o núcleo das investigações que pretendem determinar em que consiste o direito enquanto regra obrigatória e coativa, quais são as características peculiares do ordenamento jurídico que o distinguem dos outros ordenamentos normativos (como o moral), e, portanto, não os fins que devem ser realizados, mas os meios cogitados para realizar esses fins, ou o direito como instrumento de realização da justiça. Daí nasce a filosofia do direito como *teoria geral do direito*. O problema da eficácia leva-nos ao terreno da aplicação das normas jurídicas, que é o terreno dos comportamentos efetivos dos homens que vivem em sociedade, dos seus interesses contrastantes, das ações e reações frente à autoridade, dando lugar às investigações em torno da vida do direito, na sua origem, no seu desenvolvimento, na sua modificação, investigações essas que normalmente são conexas a indagações de caráter histórico e sociológico. Daí nasce aquele aspecto da filosofia do direito que conflui para a *sociologia jurídica*.

Essa tripartição de problemas é hoje geralmente reconhecida pelos filósofos do direito e, ademais, corresponde em parte à distinção das três funções da filosofia do direito (*deontológica*, *ontológica* e *fenomenológica*) que têm se desenvolvido desde o início do século XX na filosofia do direito italiano, principalmente por obra de Giorgio Del Vecchio. Para dar uma prova do consenso geral sobre essa concepção tripartida da experiência jurídica, cito aqui o testemunho de três teóricos do direito contemporâneo, pertencentes a três países diversos e a três tradições culturais diferentes. Eduardo Garcia Maynez, professor da Universidade do México, seguidor do filósofo espanhol Ortega y Gasset e do seu "perspectivismo", diz no ensaio *La definición del derecho – Ensayo de perspectivismo juridico* [*A definição do direito – Ensaio de perspectivismo jurídico*] (México, 1948) que, por "direito", compreende-se geralmente três coisas: o *direito formalmente válido*, o *direito intrinsecamente válido* e o *direito positivo* ou *eficaz*. Com a primeira expressão, entende aquelas regras de conduta que "a autoridade política considera como vinculantes em um determinado território e em uma determinada época"; com a segunda, pretende indicar o direito justo, isto é, as regulamentações das relações de coexistência entre os homens que mais correspondem ao ideal de justiça; com a terceira, indica aquelas regras de conduta que "determinam efetivamente a vida de uma sociedade em um determinado momento histórico". Não precisamos fazer muito esforço para reconhecer, nesses três modos de compreender o direito, a distinção entre validade, justiça e eficácia. Como segundo testemunho, citamos Julius Stone, professor da Universidade de Sidney (Austrália), aluno do mais influente filósofo do direito de sua época, o americano Roscoe Pound. Stone, na sua obra de maior empenho, *The province and function of Law as Logic, Justice and Social Control* [*O campo e a função do direito como Lógica, Justiça e Controle Social*] (Sidney, 1946), sustenta que o estudo do direito, para ser completo, resulta destas três partes:

1) *jurisprudência analítica*, que chamaremos de teoria geral do direito, ou seja, o estudo do direito do ponto de vista formal;
2) *jurisprudência crítica ou ética*, que compreende o estudo dos vários ideais de justiça e, portanto, do direito ideal nas suas relações

com o direito real, e coincide com a parte da filosofia do direito a que chamamos de teoria da justiça;

3) *jurisprudência sociológica*, que estuda, segundo a expressão preferida de Pound, não mais o direito nos livros (*law in books*), porém o direito em ação (*law in action*), e corresponde à sociologia jurídica enquanto estudo do direito vivente na sociedade.

O terceiro testemunho obtemos com Alfred von Verdross, professor da Universidade de Viena, que segue orientação jusnaturalista, em um artigo de 1950 intitulado *Zur Klärung des Rechtsbegriffes* [*Para o esclarecimento do conceito de direito*]. Depois de ter distinguido acuradamente o problema da justiça do problema da validade, precisa que existem três modos diversos de considerar o direito, segundo seja observado no seu valor ideal (que é a justiça), no seu valor formal (que é a validade) ou na sua realização prática (que é a eficácia), e assim exprime:

> O sociólogo pode com seus meios compreender somente a eficácia do direito, o teórico do direito, só a forma do direito e a conexão intrínseca das normas positivas, enquanto o filósofo moral (o teórico do direito natural) se interessa unicamente pela justiça ética das normas jurídicas e pela sua obrigatoriedade interior (VERDROSS, 1950, p. 98-9).

Nota-se que essa distinção de problemas não deve ser concebida como uma separação em compartimentos estanques. Quem desejar compreender a experiência jurídica nos seus vários aspectos deverá considerar que ela é a parte da experiência humana cujos elementos constitutivos são: ideais de justiça a realizar, instituições normativas para realizá-los, ações e reações dos homens frente àqueles ideais e a essas instituições. Os três problemas são três aspectos diversos de um só problema central, que é o da melhor organização da vida dos homens em sociedade. Se insistimos sobre a distinção e a independência dos três valores é porque julgamos prejudicial sua confusão e, sobretudo, consideramos que não se pode aceitar outras teorias que não fazem essa distinção claramente e tendem, ao contrário, a reduzir ora um, ora outro dos três aspectos, aos outros dois, elaborando, como se costuma dizer por meio de um feio neologismo da linguagem filosófica, um "reducionismo". Creio que se podem distinguir três teorias reducionistas, à crítica das quais dedico os últimos três tópicos deste capítulo.

Há uma teoria que *reduz a validade à justiça*, afirmando que uma norma só é válida se é justa; em outras palavras, faz depender a validade da justiça. O exemplo histórico mais ilustre dessa redução é a doutrina do direito natural.

Uma outra teoria *reduz a justiça à validade*, quando afirma que uma norma é justa somente pelo fato de ser válida, isto é, faz depender a justiça da validade. O exemplo histórico dessa teoria é dado pela concepção do direito que se contrapõe à naturalista, que é a concepção positivista (no sentido mais restrito e limitado do termo).

Finalmente, há uma teoria que *reduz a validade à eficácia*, quando tende a afirmar que o direito real não é aquele que se encontra, por assim dizer, enunciado em uma Constituição, ou em um Código, ou em um corpo de leis, mas é aquele que os homens efetivamente aplicam nas suas relações cotidianas: essa teoria faz depender, em última análise, a validade da eficácia. O exemplo histórico mais radical é dado pelas correntes consideradas realistas da jurisprudência americana e pelas suas antecipações no continente.

Consideramos que todas as três concepções estão viciadas pelo erro do "reducionismo", que leva à eliminação ou, pelo menos, ao ofuscamento de um dos três elementos constitutivos da experiência jurídica e, portanto, a mutilam. A primeira e a terceira não conseguem ver a importância do problema da validade; a segunda julga poder se livrar do problema da justiça. Em seguida, examinaremos cada concepção separadamente.

2.4. O direito natural

Não é nossa tarefa ilustrar um problema tão rico e complexo como o do direito natural. Aqui, a corrente do direito natural vem à tona apenas devido ao fato de que há uma tendência geral entre os seus teóricos de reduzir a validade à justiça. Poderíamos definir essa corrente de pensamento jurídico como aquela segundo a qual uma lei, para ser lei, deve estar de acordo com a justiça. Lei em desacordo com a justiça *non est lex sed corruptio legis* [não é lei, mas corrupção da lei]. Uma recente e exemplar formulação dessa doutrina pode ser lida na seguinte passagem de Gustav Radbruch (1950, p. 336-53):

> Quando uma lei nega conscientemente a vontade de justiça, por exemplo concede arbitrariamente ou refuta os direitos do homem, carece de validade [...] até mesmo os juristas devem encontrar coragem para refutar-lhe o caráter jurídico;

e em outra parte:

> Pode haver leis com tal medida de injustiça e de prejuízo social que seja necessário refutar-lhes o caráter jurídico [...] tanto há princípios jurídicos fundamentais mais fortes que toda normatividade jurídica, que uma lei que os contrarie carece de validade;

e ainda:

> Onde a justiça não é nem mesmo perseguida, onde a igualdade, que constitui o núcleo da justiça, é conscientemente negada em nome do direito positivo, a lei não somente é direito *injusto como* carece em geral de juridicidade.

A essa abordagem do problema da relação entre justiça e direito nós responderíamos: que o direito corresponda à justiça é uma exigência, ou se quisermos, um ideal a alcançar que ninguém pode desconhecer, mas não é uma realidade de fato. Ora, quando apresentamos o problema do que é o direito em uma dada situação histórica, questionamo-nos sobre o que é de fato direito, e não sobre o que gostaríamos que ele fosse ou o que deveria ser. Mas, se nos perguntarmos o que de fato é o direito, não poderemos deixar de responder, ao menos, que na realidade vale como direito também o direito injusto, e que não existe nenhum ordenamento perfeitamente justo.

Em uma só hipótese poderíamos aceitar reconhecer como direito unicamente o que é justo, se a justiça fosse uma verdade evidente ou pelo menos demonstrável como uma verdade matemática, de modo que nenhum homem pudesse ter dúvidas sobre o que é justo ou injusto. E essa, na realidade, foi sempre a pretensão do jusnaturalismo nas suas várias fases históricas. Com uma outra definição, poderia se dizer que a teoria do direito natural é aquela que se considera capaz de estabelecer o que é justo e o que é injusto de modo universalmente válido. Mas essa pretensão tem fundamento? A julgar pelas controvérsias entre os vários seguidores do direito natural sobre o que há de ser considerado justo ou injusto, a julgar pelo fato de que o que era natural para uns não era para outros, deveríamos responder que não. Para Kant (e em geral para todos os jusnaturalistas modernos), a liberdade era natural, mas, para Aristóteles, era natural a escravidão. Para Locke, era natural a propriedade individual, mas para todos os utopistas socialistas, de Campanella a Winstanley e a Morelly, a instituição mais adequada à natureza humana era a comunhão de bens. Essa variedade de juízos entre os próprios naturalistas dependia de duas razões fundamentais:

1) "natureza" é um termo genérico que adquire diversos significados dependendo do modo como é usado. Já Rousseau dizia:

> *Ce n'est point sans surprise et sans scandale qu'on remarque le peu d'accord qui règne sur cette importante matière entre les divers auteurs qui en ont traité. Parmi les plus graves écrivains, à peine on trouve-t-on deux qui soient du même avis sur ce point* (*Discours sur l'origine et les fondements de l'inégalité*, pref.)[1];

2) ainda que o significado do termo fosse unívoco, e todos os que a ele fazem referência estivessem de acordo em aceitar que algumas tendências são naturais e outras não, da constatação que uma tendência é natural não se pode deduzir se ela é boa ou má, uma vez que não se pode deduzir um juízo de valor de um juízo de fato.

Hobbes e Mandeville estavam de acordo em considerar que a tendência natural do homem era o instinto utilitário, porém, se para Hobbes esse instinto conduzia à destruição da sociedade e precisava ser contido, para Mandeville (o célebre autor de *A Fábula das Abelhas**) era vantajoso e deveria ser liberado.

---

1. "Não é sem surpresa ou escândalo que notamos o pouco acordo que reina sobre esta importante matéria entre os diversos autores que dela trataram. Entre os mais sérios escritores, com dificuldade encontramos dois que tenham a mesma opinião sobre este ponto." (*Discurso sobre a Origem e os Fundamentos da desigualdade entre os homens*, prefácio) – Tradução livre. [Obra publicada em *Clássicos Edipro*. (N.E.)]

*. *A Fábula das Abelhas: ou vícios privados, benefícios públicos*: obra clássica da Filosofia política publicada por Bernard Mandeville em 1714 e reeditada em uma versão estendida em 1723. (N.E.)

Mas então, se a observação da natureza não oferece base suficiente para determinar o que é justo e o que é injusto de modo universalmente reconhecível, a redução da validade à justiça leva apenas a uma e grave consequência: a destruição de um dos valores fundamentais sobre o qual se apoia o direito positivo (entendido como direito válido), o valor da *certeza*. De fato, se a distinção entre o justo e o injusto não é universal, é preciso colocar o problema: a quem compete estabelecer o que é justo ou injusto? Há duas respostas possíveis:

a) compete àquele ou àqueles que detêm o poder: mas essa resposta é aberrante, porque neste caso conserva-se, é verdade, a certeza do direito, mas se converte a doutrina que transforma a validade em justiça na doutrina perfeitamente oposta, que considera a justiça como validade, no momento em que reconhece o justo no que é comandado;
b) compete a todos os cidadãos: neste caso, uma vez que os critérios de justiça são diversos e irredutíveis, em relação àqueles que desobedecerem à lei porque a julgam injusta, e sendo injusta é inválida, os governantes nada poderiam objetar, e a segurança da vida civil no âmbito das leis estaria completamente destruída.

Por fim, que nessa mesma corrente do direito natural a redução da validade à justiça seja mais afirmada do que aplicada parece-me que pode ser demonstrado com dois argumentos tirados da mesma doutrina jusnaturalista:

a) é doutrina recorrente para os jusnaturalistas que os homens, antes de entrar no estado civil (dirigido pelo direito positivo), tivessem vivido no *estado de natureza,* cuja característica fundamental é ser regido apenas pelas leis naturais, pois, conforme doutrina aceita, o estado de natureza é impossível e dele é necessário sair (segundo Locke e Hobbes, trata-se de um cálculo utilitário; segundo Kant, de um dever moral) para fundar o Estado. Isso deve ser interpretado no sentido de que o direito natural não cumpre a função de direito positivo, uma vez que, se chamamos de "direito" o direito positivo, não podemos considerar "direito" da mesma maneira o direito natural. Kant, perfeitamente consciente dessa distinção, chamou o direito natural de "provisório", para distingui-lo do direito positivo, que chamou de "peremptório", dando com isso a entender que somente o direito positivo era direito no sentido que está impregnado na palavra;

b) é doutrina comum para os jusnaturalistas que o direito positivo em desconformidade com o direito natural seja considerado injusto, mas não obstante deve ser obedecido (a chamada *teoria da obediência*). Porém, o que significa propriamente "obedecer"? Significa aceitar uma certa norma de conduta como vinculante, isto é, como existente em um dado ordenamento jurídico, e portanto válida. E o que é a validade de uma norma senão a pretensão, de preferência garantida pela coação, de ser obedecida até mesmo por aqueles que a ela se opõem por considerá-la, segundo um critério pessoal de valoração, injusta? Pois bem, afirmar que uma norma deve ser obedecida mesmo se injusta é um modo de, ainda que indiretamente, alcançar a mesma conclusão de que partimos, qual seja, a justiça e a validade de uma norma são duas coisas diversas; é, em suma, uma volta mais longa para chegar a reconhecer que uma norma pode ser válida (isto é, deve ser obedecida) mesmo que injusta, e que, portanto, justiça e validade não coincidem.

2.5. O positivismo jurídico

A teoria oposta à jusnaturalista é a doutrina que reduz a justiça à validade. Enquanto para um jusnaturalista clássico tem, ou melhor dizendo, deveria ter, valor de comando só o que é justo, para a doutrina oposta é justo só o que é comandado e pelo fato de ser comandado. Para um jusnaturalista, uma norma não é válida se não é justa; para a teoria oposta, uma norma é justa somente se for válida. Para uns, a justiça é a confirmação da validade, para outros, a validade é a confirmação da justiça. Chamamos essa doutrina de *positivismo jurídico*, embora devamos convir que a maior parte daqueles que são positivistas na filosofia e teóricos e estudiosos do direito positivo (o termo "positivismo" refere-se tanto a uns quanto a outros) nunca sustentaram uma tese tão extremada. Entre os filósofos positivistas do direito, tomemos, por exemplo, novamente Levi: mesmo que, como positivista, seja relativista, e não reconheça valores absolutos de justiça, admite, todavia, que é preciso distinguir aquilo que vale como direito dos ideais sociais que instigam continuamente a modificação do direito constituído, e que, portanto, o direito pode ser válido sem ser justo. Entre os juristas, tomemos, por exemplo, Kelsen: quando Kelsen sustenta que aquilo que constitui o direito como direito é a validade não quer em absoluto afirmar que o direito válido seja também justo, mesmo porque os ideais de justiça, para ele, são subjetivos e irracionais; o problema da justiça, para Kelsen, é um problema ético, e é distinto do problema jurídico da validade.

Se quisermos encontrar uma teoria completa e coerente do positivismo jurídico, devemos remontar à doutrina política de Thomas Hobbes, cuja característica fundamental parece-me ser, na verdade, a reviravolta radical do jusnaturalismo clássico. Segundo Hobbes, efetivamente não existe outro critério do justo e do injusto fora da lei positiva, quer dizer, fora do comando do soberano. Para Hobbes, é verdade que é justo o que é comandado, somente pelo fato de ser comandado; é injusto o que é proibido, somente pelo fato de ser proibido. Como ele chega a essa conclusão tão radical? Hobbes é um racionalista, e como para todos os racionalistas, também para Hobbes, o que conta é que a conclusão seja tirada rigorosamente das premissas. No estado de natureza, como todos estão à mercê dos próprios instintos e não há leis que determinem a cada um o que é seu, todos têm direito sobre todas as coisas (*ius in omnia*) e nasce a guerra de todos contra todos. Sobre o estado de natureza, somente se pode dizer que é intolerável, e que dele é preciso sair. E, de fato, a primeira lei da razão para Hobbes é a que prescreve buscar a paz (*pax est quaerenda*). Para sair do estado de natureza de modo estável e definitivo, os homens pactuam entre si objetivando renunciar reciprocamente aos direitos que tinham *in natura* e transmiti-los a um soberano (*pactum subiectionis*). Ora, o direito fundamental que os homens têm no estado de natureza é o de decidir, cada um segundo os próprios desejos e interesses, aquilo que é justo e injusto – e tanto isso é verdade que enquanto perdura o estado de natureza não existe nenhum critério para distinguir o justo do injusto, exceto o arbítrio e o poder do indivíduo. Na passagem do estado de natureza ao estado civil, os indivíduos, transmitindo todos os seus direitos naturais ao soberano, transmitem-lhe também o direito de decidir o que é justo ou injusto; e assim, desde o momento em que o estado civil é constituído, não há outro critério do justo e do injusto que não seja a vontade do soberano. Essa doutrina hobbesiana está ligada à concepção da simples convencionalidade dos valores morais e, portanto, também da justiça, segundo a qual não existe um justo por natureza, mas somente um justo por convenção (também por esse aspecto a doutrina hobbesiana é a antítese da doutrina jusnaturalista). No estado de natureza, não existe o justo e o injusto porque não existem convenções válidas. No estado civil, o justo e o injusto repousam sobre o comum acordo entre os indivíduos de atribuir ao soberano o poder de decidir o que é justo e injusto. Para Hobbes, então, a validade de uma norma jurídica e a justiça dessa norma não se distinguem, porque a justiça e a injustiça nascem juntas com o direito positivo, isto é, juntas com a validade. Enquanto se permanece no estado de natureza não há direito válido, mas tampouco há justiça; quando surge o Estado nasce a justiça, mas esta nasce ao mesmo tempo que o direito positivo, de modo que, onde não há direito não há também justiça, e onde há justiça significa que há um sistema constituído de direito positivo.

A doutrina de Hobbes tem um significado ideológico bem preciso, que não cabe discutir aqui: ela é a justificação teórica mais consequente do poder absoluto. Para nós, basta pôr em evidência qual consequência seríamos obrigados a deduzir do problema que nos interessa se aceitássemos o ponto de vista hobbesiano. A consequência seria a *redução da justiça à força*. Se não existe outro critério do justo e do injusto além do comando do soberano, é preciso resignar-se a aceitar como justo o que agrada ao mais forte, uma vez que o soberano, se não é o mais justo entre os homens, *certamente é o mais forte* (e permanece soberano, não enquanto for justo, mas enquanto for o mais forte). A distinção entre validade e justiça serve justamente para diferenciar a justiça da força. Se essa distinção desaparece, e a justiça é reduzida à validade, também a distinção entre justiça e força não é mais possível. Somos assim reconduzidos à célebre doutrina sofística sustentada por Trasímaco no Livro I de *A República**, de Platão, e refutada por Sócrates. Trasímaco, impaciente com a discussão sobre a justiça que Sócrates desenvolve com seus amigos, intervém como um animal selvagem – escreve Platão – que deseja dilacerar os presentes, e, depois de afirmar que tudo o que Sócrates estava dizendo era mentira, enuncia a sua definição com estas célebres palavras: "E me escutem agora. Eu afirmo que *a justiça não é outra coisa senão o útil para o mais forte*" (*A República*, 338 c.). E algo semelhante tinha dito um outro sofista, Cálicles, que, em um outro diálogo de Platão (*Górgias*)**, dispara esta condenação dos fracos e exaltação dos fortes:

> Mas a própria natureza, em minha opinião, demonstra ser justo que o mais forte esteja por cima do mais fraco e o mais capaz, do menos capaz. Tal critério do justo aparece também nos outros animais, entre Estado e Estado, e entre povo e povo, isto é, o mais forte dominando o mais fraco e obtendo maiores vantagens (*Górgias*, 483 d.).

A doutrina segundo a qual a justiça é a vontade do mais forte tem sido refutada várias vezes no curso do pensamento ocidental. Mas talvez as páginas mais expressivas sejam aquelas que escreveu Rousseau no início de *O Contrato Social**, em um capítulo justamente intitulado "*Du droit du plus fort*" (Do direito do mais forte), do qual cito alguns dos trechos mais incisivos:

> A força é uma potência física, não vejo qual moralidade possa derivar dela. Ceder à força é um ato de necessidade, não de vontade, quando muito, um ato de prudência. Em que sentido poderia ser um dever? [...] Admitindo-se que é a força que cria o direito, o efeito muda com a causa: toda força que supera a primeira tem direito de sucedê-la. Admitindo-se que se pode desobedecer impunemente, então pode-se fazê-lo legitimamente e, uma vez que o mais forte tem sempre razão, trata-se somente de se fazer o mais

*. Obra publicada em *Clássicos Edipro*. (N.E.)

**. Ver em *Diálogos II*, obra publicada em *Clássicos Edipro*. (N.E.)

forte [...] Se é preciso obedecer por força, não o é por dever, e se não somos mais forçados a obedecer, tampouco somos obrigados.

2.6. O realismo jurídico

No decorrer do pensamento jurídico do século XX, em diversos momentos, houve teóricos do direito que buscaram captar o momento constitutivo da experiência jurídica não tanto nos ideais de justiça nos quais se inspiram os homens, ou dizem se inspirar, ou ainda nos ordenamentos jurídicos constitutivos, mas sim na realidade social, na qual o direito se forma e se transforma, nas ações dos homens que fazem e desfazem com seu comportamento as regras de conduta que os governam. Seguindo a terminologia adotada, poderíamos dizer que esses movimentos, dentre os vários aspectos pelos quais apresentam o fenômeno jurídico, colocaram em relevo a eficácia, mais do que a justiça ou a validade. Travam uma batalha em duas frentes: contra o jusnaturalismo, que teria uma concepção *ideal* do direito, e contra o positivismo em sentido estrito, que tem uma concepção *formal* do direito. Em antítese ao primeiro, essas correntes podem ser chamadas de *realistas*, e, ao segundo, *conteudísticas*, no sentido de que não veem o direito como deve ser, mas como efetivamente é, e nem o compreendem como um complexo de normas válidas, mas como normas efetivamente aplicadas em uma determinada sociedade. Segundo o ponto de vista por eles defendido, pecam por abstração tanto os jusnaturalistas quanto os positivistas, os primeiros porque substituem o direito real pela aspiração à justiça, os segundos porque o substituem pelas regras impostas e formalmente válidas, que frequentemente são pura forma vazia de conteúdo. Os positivistas veriam apenas o contraste existente entre direito válido e direito justo. Os partidários dessas correntes veem também um contraste entre o direito imposto e aquele efetivamente aplicado, e consideram apenas este último o direito em sua concretude, único objeto passível de pesquisa por parte dos juristas que não pretendem perder tempo com fantasmas vazios.

Acredito que no século XIX se possa individualizar ao menos três momentos em que uma peculiar maneira de conceber o direito emergiu e, emergindo, contribuiu para alargar o horizonte da ciência jurídica.

O primeiro momento é representado pela escola histórica do direito, do grande jurista alemão Friedrich Carl von Savigny, e de seu discípulo Friedrich Puchta, que floresceu na época da Restauração. Essa escola representa, no campo do direito, a mudança de clima do pensamento jurídico derivada da difusão do romantismo: é a expressão mais genuína do romantismo jurídico. Como o romantismo em geral combate a abstração racionalista do iluminismo do século XVIII (ou pelo menos suas degenerações), também a escola histórica do direito ataca aquele modo racionalista e abstrato de conceber o direito, que é o jusnaturalismo, segundo o qual há um direito universalmente válido dedutível de uma natureza humana sempre igual. Para a escola histórica, o direito não se deduz dos princípios racionais, mas é um fenômeno histórico e social que nasce espontaneamente do povo; o seu fundamento é, para usar uma expressão que se tornou famosa, não a natureza universal, mas o *espírito do povo* (*Volksgeist*), daí a consequência de existirem tantos direitos diversos quanto diversos são os povos com suas inúmeras características e em suas várias fases de desenvolvimento. A mudança de perspectiva no estudo do direito manifesta-se sobretudo na consideração do *direito consuetudinário* como fonte primária do direito, isso porque ele surge imediatamente da sociedade e é a expressão genuína do sentimento jurídico popular em confronto com o direito imposto pela vontade do grupo dominante (a lei) e aqueles elaborados pelos técnicos (o chamado direito científico). Poderíamos ver nessa reabilitação do costume como fonte do direito um aspecto de sua valorização social que se contrapõe tanto ao jusnaturalismo abstrato quanto ao rígido positivismo estatista predominante em geral entre os juristas.

O segundo momento de reação antijusnaturalista e também antiformalista é representado por um diverso e vasto movimento histórico, iniciado na Europa continental no final do século XIX, e podemos chamá-lo de *concepção sociológica do direito*. Surge como efeito da defasagem que se vinha criando entre a lei escrita nos códigos (o direito válido) e a realidade social que seguiu a Revolução Industrial (o direito eficaz). O efeito mais relevante dessa nova concepção traduz-se na evocação mais insistente, não tanto do direito consuetudinário, mas do direito judiciário, isto é, daquele elaborado pelos juízes no contínuo labor de adaptação da lei às necessidades concretas emergentes da sociedade, que deveriam constituir, de acordo com os seguidores dessa corrente, o remédio mais eficaz para acolher as instâncias do direito que se elabora espontaneamente no variado entrelaçar das relações sociais e no diversificado entrechoque de interesses contrapostos. Não podemos seguir aqui as múltiplas manifestações dessa corrente. Limitaremo-nos a recordar o movimento do *direito livre*, advindo sobretudo da Alemanha, pela obra de Kantorowicz, que escreveu um manifesto em defesa da liberdade de criação normativa por parte do juiz (*La lotta per la scienza del diritto* [*A luta pela Ciência do Direito*], publicado em 1906 com o pseudônimo de Gnaeus Flavius). Pode-se enumerar, entre as obras mais notáveis desse movimento: os quatro volumes de François Gény, *Science et téchnique en droit privé positif* (Ciência e Técnica em Direito Privado Positivo) (1914-1924), em que se contrapõe à técnica do direito, voltada para o objetivo secundário e subordinado de adaptar a regra jurídica às necessidades práticas da legislação, a ciência jurídica, à qual cabe encontrar, tendo em vista os dados históricos, ideais, racionais e reais, as regras jurídicas novas; e a obra de Eugene Ehrlich sobre a lógica dos juristas, *Die Juristische Logik* (1925), que é uma das mais documentadas e intransigentes polêmicas contra o positivismo estatista em nome da livre apreciação do direito por parte do juiz e do jurista, os quais devem procurar as soluções das controvérsias não tanto apegando-se ao dogma da vontade estatal passivamente aceito, mas imergindo-se no estudo do direito vivente que a sociedade em contínuo movimento permanentemente produz. A polêmica contra o rígido estatismo, acompanhada da polêmica contra uma jurisprudência predominantemente conceitual, a chamada *jurisprudência dos conceitos* (*Begriffsjurisprudenz*), suscitou como reação uma jurisprudência realista cuja tarefa deveria ser julgar com base na valoração dos interesses em conflito, chamada, pelo seu principal expoente Philip Heck, de *jurisprudência dos interesses*.

Poderíamos considerar como terceiro momento, o mais violento e radical da revolta antiformalista, a *concepção realista do direito* que logrou êxito na primeira metade do século passado nos Estados Unidos da América. Não se pode esquecer que os países anglo-saxões são naturalmente mais inclinados às teorias sociológicas do direito devido à posição que o direito consuetudinário (*common law*) ocupa em seus sistemas normativos, que não conhecem as grandes codificações. O pai espiritual dessas modernas correntes realistas é um grande jurista, que por longos anos foi juiz da Corte Suprema, Oliver Wendell Holmes (1841-1935), o primeiro, no exercício mesmo de suas funções de juiz, a repudiar o tradicionalismo jurídico das cortes, e a introduzir uma interpretação evolutiva do direito, mais sensível às mudanças da consciência social. Além disso, a jurisprudência sociológica teve como teórico na América o mais notável filósofo do direito americano desses últimos cinquenta anos, Roscoe Pound, o qual, em uma longa série de escritos que alcançaram grande ressonância entre os juristas americanos, se fez defensor da figura do jurista-sociólogo, entendendo com essa expressão o jurista que leva em conta, em sua interpretação e aplicação do direito, os fatos sociais dos quais o direito deriva e que deve regular. A escola realista, por outro lado, que teve como mais radical defensor Jerome Frank, vai bem mais adiante dos princípios que se podem extrair de Holmes e Pound. A tese fundamental por ela sustentada é que não existe um direito objetivo, isto é, objetivamente dedutível de dados determinados, sejam estes fornecidos pelos costumes, pela lei ou pelo precedente jurídico: o direito é contínua criação do juiz, é obra exclusivamente do magistrado no ato em que decide uma controvérsia. Cai, desse modo, o tradicional princípio da certeza jurídica, e de fato, qual pode ser a possibilidade de prever a consequência de um comportamento – nisso consiste a certeza –, se o direito é uma contínua nova criação do juiz? Para Frank, realmente, a certeza, uma das pilastras dos ordenamentos jurídicos continentais, é um mito que deriva de uma espécie de aquiescência infantil do princípio de autoridade (essa tese foi sustentada em um livro dos anos 1930, *Law and Modern Mind* [Direito e Pensamento Moderno]), um mito a ser derrubado para se elevar sobre as suas ruínas o direito como contínua e imprevisível criação.

À parte o inaceitável extremismo do realismo americano, grande foi o mérito das correntes sociológicas no campo do direito, porque impediram a cristalização da ciência jurídica em uma dogmática sem ímpeto inovador. Outro, porém, é o discurso que aqui nos interessa sobre a relação entre validade e eficácia. Pode-se dizer que, mediante a acentuação do momento ativo, evolutivo, social do direito, venha a desaparecer a diferença entre validade e eficácia no sentido de que só o direito válido seja eficaz, isto é, efetivamente seguido e aplicado? Não acredito nisso. Para circunscrever e precisar a discussão, tenhamos em vista o fato de que a crítica das correntes sociológicas resolve-se frequentemente em uma revisão das *fontes do direito*, vale dizer, em uma crítica ao monopólio legal, e na reabilitação de duas outras fontes diversas da lei, o *direito consuetudinário* e o *direito judiciário* (o juiz legislador). Observemos então como se apresentam a relação entre validade e eficácia nessas duas fontes:

a) No que concerne ao direito consuetudinário, foi dito que *nele validade e eficácia coincidem*, no sentido de que, embora se possa imaginar uma lei que seja válida mas não seja eficaz, não se pode imaginar um costume que seja válido sem ser eficaz, porque, faltando a eficácia, perde-se também a repetição constante, uniforme e geral, que é um dos requisitos essenciais para caracterizar o costume. Mas essa afirmação não é de todo exata: se é justo dizer que no direito consuetudinário a validade vem sempre acompanhada da eficácia, a proposição inversa, que *a eficácia seja sempre acompanhada da validade*, não é aceitável. Dizer que um costume torna-se válido devido a sua eficácia equivaleria a sustentar que um comportamento faz-se jurídico pelo simples fato de ser constantemente repetido. Nota-se, em vez disso, que não basta que um comportamento seja efetivamente seguido pelo grupo social para tornar-se um costume jurídico. O que é necessário além disso? É necessário, precisamente, que o que se chama "validade", ou seja, aquele comportamento constante que constitui o *conteúdo* do costume, receba uma *forma* jurídica, ou venha a ser acolhido em um determinado sistema jurídico, como comportamento obrigatório, isto é, cuja violação implica uma sanção. Essa forma jurídica é atribuída ao direito consuetudinário pela lei, quando o invoca, ou pelo juiz, quando ele traz como matéria de sua decisão um costume, ou pela vontade concorde das partes. Os juristas dizem que, para a formação de um costume jurídico, se dá, além da repetição, também o requisito interno ou psicológico da *opinio iuris.* Mas para que se forme essa *opinio iuris,* isto é, a convicção de que o comportamento é obrigatório, é necessário que ele seja qualificado como obrigatório por qualquer norma válida do sistema, e isso implica, em última análise, que a norma que o regula não seja apenas eficaz, mas também, naquele sistema, válida.

b) No que concerne ao novo e maior relevo dado pelas escolas sociológicas à figura do juiz criador do direito, aqui nasce somente o problema de se poder considerar propriamente direito aquele direito vivente, ou em formação, aquele direito que nasce espontaneamente da sociedade, a quem os teóricos da corrente sociológica do direito apelam. Socorre-nos, a esse propósito, a distinção entre *fontes de cognição* e *fontes de qualificação* do direito. O direito vivente é pura e simplesmente um fato ou uma série de fatos de onde o juiz tira conhecimento das aspirações jurídicas que vêm se formando na sociedade. Mas para que essas aspirações tornem-se regras jurídicas, é necessário que o juiz as acolha e lhes atribua a autoridade normativa que incorpora a sua função de órgão capaz de produzir normas jurídicas. O direito vivente não é ainda direito, isto é, norma ou complexo de normas do sistema, enquanto seja apenas eficaz. Torna-se tal no momento em que o juiz, reconhecido como criador do direito, atribui-lhe também a validade. Na realidade, pode-se falar de um juiz criador do direito, propriamente na medida em que as regras que ele descobre na realidade social não sejam ainda regras jurídicas, e não o serão até que ele as reconheça e lhes atribua força coativa. Mesmo as famosas opiniões expressas pelo juiz Holmes, na sua atividade de juiz, embora surgissem da observação da realidade social e fossem mais sensíveis ao chamado direito em formação do que as sentenças de seus colegas, não se tornaram direito positivo dos Estados Unidos enquanto ele as sustentou na qualidade de minoria, uma vez que naquele sistema era direito válido somente o reconhecido pela maioria da Corte. Se o direito vivente pode ser considerado fonte de cognição jurídica, apenas o juiz – e com maior razão o legislador – pode ser considerado fonte de qualificação.

Capítulo 3

As proposições prescritivas

3.1. Um ponto de vista formal

O ponto de vista pelo qual nos propomos a estudar a norma jurídica, neste curso, pode-se dizer *formal*. É formal no sentido de que consideraremos a norma jurídica *independentemente do seu conteúdo*, ou seja, na sua *estrutura*. Toda norma, assim como toda proposição, apresenta problemas estruturais que são formulados e resolvidos sem se atentar para o fato de que ela tenha este ou aquele conteúdo. Como qualquer outra proposição, a norma também tem uma estrutura lógico-linguística que pode ser preenchida com os mais diversos conteúdos. Assim como a estrutura do juízo "*S* é *P*" vale tanto para a proposição "Sócrates é mortal" quanto para a proposição "A baleia é um mamífero", também a estrutura da norma "Se é *A*, deve ser *B*" vale tanto para a prescrição "Se pisou no canteiro, deverá pagar multa" como para a prescrição "Se matou com premeditação, deverá sofrer a pena de prisão perpétua". O que faremos objeto de estudo na sequência do curso será a norma jurídica na sua estrutura lógico-linguística. Frente ao complexo de normas jurídicas, o nosso problema será o de nos perguntarmos que tipo de proposições são elas; se são proposições prescritivas, que classes de proposições prescritivas compreendem; e assim por diante.

Entenda-se que o estudo formal das normas jurídicas que aqui se desenvolve não exclui absolutamente outros modos de considerar o direito. Se me proponho a conhecer não qual é a estrutura da norma jurídica, mas qual é a oportunidade ou a conveniência ou a justiça das normas jurídicas que compõem um determinado sistema, ou qual é a eficácia social que certas normas exercem em um determinado ambiente histórico, o objeto da minha investigação não será mais a forma ou a estrutura, ou seja, para usar uma metáfora, o invólucro, o recipiente, mas o conteúdo, o que o recipiente contém, isto é, os comportamentos regulados. A norma "É proibido pisar no canteiro" é, do ponto de vista formal, um imperativo negativo, e não difere da norma "É proibido matar". Mas se quero saber quais são os motivos pelos quais essa norma foi emanada, se esses motivos são aceitáveis, se ela é efetivamente seguida ou continuamente violada etc., deverei fazer investigações em um campo completamente diverso daquele que se tornaria meu objeto de estudo se quisesse fazer perguntas análogas em torno da proibição de matar.

Advertindo desde o princípio que o ponto de vista formal não é um modo exclusivo de considerar a norma jurídica, quero evitar que se confunda o estudo formal da norma jurídica com um dos tantos *formalismos* que têm adquirido direito de cidadania no campo do saber jurídico, e contra os quais se acendeu, de modo particularmente vivo, a polêmica em décadas atrás.

Por "formalismo jurídico" entende-se uma consideração exclusiva do direito enquanto forma. Como a polêmica antiformalista nem sempre distingue um tipo de formalismo do outro, e disso nasce comumente uma grande confusão, creio que, sob o nome genérico de "formalismo jurídico" hoje compreendem-se pelo menos três teorias diversas, que têm visões diversas e que requerem, posto que se queira combatê-las, argumentos diversos. Um primeiro tipo de formalismo no direito é o que se poderia chamar de *formalismo ético*, vale dizer, a doutrina segundo a qual é justo o que é conforme a lei, e como tal repele todo critério de justiça que esteja acima das leis positivas e com base no qual as mesmas leis positivas podem ser avaliadas. Essa doutrina pode ser considerada formal no sentido de que faz a justiça consistir na lei só pelo fato de que é lei, ou seja, de que é comando posto pelo poder soberano, e por isso prescinde, para produzir um juízo de valor, do seu conteúdo. Um segundo tipo de formalismo é o que se poderia chamar mais precisamente de *formalismo jurídico*, e compreende a doutrina segundo a qual a característica do direito não é a de prescrever aquilo que cada um deve fazer, mas simplesmente o modo como cada um deve agir se quiser alcançar os próprios objetivos, e, portanto, não cabe ao direito estabelecer o conteúdo da relação intersubjetiva, mas a forma que ela deve assumir para produzir certas consequências. Esse tipo de formalismo remonta à velha definição kantiana do direito, que foi retomada pelas correntes neokantianas, segundo a qual, uma das características da relação jurídica é que nela não entra em consideração a *matéria* do arbítrio, isto é, o fim a que alguém se propõe com o objeto que deseja, mas somente a *forma*, enquanto os dois arbítrios são considerados como absolutamente livres. Finalmente, há um terceiro tipo de formalismo, que se poderia chamar de *formalismo científico,* porque concerne não ao modo de definir a justiça (formalismo ético), nem ao modo de definir o direito (formalismo jurídico), mas ao modo de conceber a ciência jurídica e o trabalho do jurista, a quem é atribuída a tarefa de construir o sistema de conceitos jurídicos tal como se deduzem das leis positivas, tarefa puramente declarativa ou recognitiva, e não criativa, e de extrair dedutivamente do sistema assim construído a solução de todos os possíveis casos controversos.

É inútil dizer que os três tipos de formalismos não devem ser confundidos porque cuidam de problemas diversos. O primeiro responde à pergunta "O que é a justiça?"; o segundo, "O que é o direito?"; o terceiro, "Como deve comportar-se a ciência jurídica?". Um autor pode ser formalista no primeiro sentido e não no segundo e no terceiro, e assim por diante. E, desse modo, a polêmica antiformalista, avessa, digamos, ao formalismo jurídico, não vale para o formalismo ético e para o formalismo científico. Infelizmente, a maior parte dos autores não faz qualquer distinção e, muitas vezes, sob o nome genérico de "revolta contra o formalismo", englobam-se conceitos diversos. Para nós, basta aqui ter posto em evidência que o ponto de vista formal, do qual partimos, não tem nada a ver com nenhum dos três formalismos, porque não pretende ser uma teoria exclusiva, nem da justiça, nem do direito, nem da ciência jurídica, mas é pura e simplesmente um modo de estudar o fenômeno jurídico na sua complexidade, um modo que não só não exclui, como exige os demais para que se possa obter um conhecimento integral da experiência jurídica.

3.2. A norma como proposição

Do ponto de vista formal, que aqui elegemos, uma norma é uma *proposição*. Um Código, uma Constituição, são um conjunto de proposições. Trata-se de saber qual é o *status* dessas proposições que compõem um Código, uma Constituição. A tese que sustentamos é que as normas jurídicas pertencem à categoria geral das *proposições prescritivas*. Assim, a nossa investigação desenvolve-se por meio de quatro fases:

1) estudo das proposições prescritivas e sua distinção dos outros tipos de proposições;
2) exame e crítica das principais teorias sustentadas sobre a estrutura formal da norma jurídica;
3) estudo dos elementos específicos da norma jurídica enquanto prescrição;
4) classificação das prescrições jurídicas.

Por *proposição* entendemos um conjunto de palavras que possuem um significado em sua unidade. Sua forma mais comum é o que na lógica clássica se chama *juízo*, uma proposição composta de um sujeito e de um predicado, unidos por uma cópula (*S* é *P*). Mas nem toda proposição é um juízo. Por exemplo: "Olhe!", "Quantos anos você tem?", são proposições, mas não juízos. Além disso, é necessário distinguir uma proposição de seu *enunciado*. Por *enunciado* entendemos a forma gramatical e linguística pela qual um determinado significado é expresso, por isso a mesma proposição pode ter enunciados diversos, e o mesmo enunciado pode exprimir proposições diversas. Uma mesma proposição pode ser expressa por enunciados diversos quando se altera a forma gramatical. Por exemplo: "Mário ama Maria" e "Maria é amada por Mário"; o significado é idêntico, e o que muda é apenas a expressão; ou ainda na passagem do mesmo significado de uma expressão numa língua para o seu equivalente em outra. Por exemplo: "Chove"; "*Il pleut*"; "*It's raining*"; "*Es regnet*", são enunciados diversos da mesma proposição. Ao contrário, com o mesmo enunciado pode-se exprimir, em contextos e circunstâncias variáveis, proposições diversas. Por exemplo, quando eu digo, voltando-me para um amigo com quem estou passeando: "Gostaria de beber uma limonada", pretendo exprimir um desejo meu e, além disso, dar ao meu amigo uma informação sobre o meu estado de espírito; se dirijo as mesmas palavras para uma pessoa que está atrás do balcão de um bar, não pretendo expressar um desejo nem dar-lhe uma informação, mas impor-lhe uma determinada conduta. (Enquanto no primeiro uso da expressão é previsível, por parte do amigo, a resposta "Eu também", a mesma resposta por parte do segundo interlocutor seria quase uma ofensa.)

Quando defino uma proposição como um conjunto de palavras que possuem um significado em sua unidade, entendo excluir do uso desse termo conjuntos de palavras sem significado. Um conjunto de palavras pode não ter um significado em sua unidade, embora tenham um significado individualmente as palavras que o compõe, por exemplo: "César é um número primo"; "O triângulo é democrático". Ou ainda podem não possuir um significado como unidade, porque as palavras mesmas que o compõem não têm, tomadas singularmente, um significado, por exemplo: "*Pape Satan, pape Satan aleppe*". Um conjunto de palavras sem significado não pode ser confundido com uma *proposição falsa*. Uma proposição falsa é sempre uma proposição porque tem um significado. Por exemplo: "César morreu nos idos de abril"; "O triângulo tem quatro lados". Cada uma é falsa porque, se submetida ao critério de verdade de que dispomos para julgá-la, demonstra-se que não possui os requisitos solicitados para afirmar-se como verdadeira. Se é uma proposição sintética, o critério para julgá-la é a maior ou a menor correspondência aos fatos; se é uma proposição analítica, o critério é a coerência ou a validade formal. Seja como for, para que uma proposição possa ser verificada ou falsificada, é necessário que tenha um significado.

Quando dizemos que uma norma jurídica é uma proposição, queremos dizer que é um conjunto de palavras que têm um significado. Com base no que dissemos anteriormente, a mesma proposição normativa pode ser formulada com enunciados diversos. O que interessa ao jurista, quando interpreta uma lei, é o seu significado. Como uma proposição em geral pode ter um significado, mas ser falsa, também uma proposição normativa pode ter um significado e ser – não digamos falsa mas –, pelas razões que veremos a seguir, inválida ou injusta. Também para as proposições normativas, o critério de significância pelo qual distinguem-se as proposições propriamente ditas de um conjunto de palavras sem significados diferencia-se do critério de verdade ou validade pelo qual distinguem-se proposições verdadeiras e válidas de proposições falsas ou inválidas.

3.3. Formas e funções

Há vários tipos de proposições. Pode-se distingui-los com base em dois critérios: a *forma gramatical* e a *função*.[2] Com base na forma gramatical, as proposições distinguem-se principalmente em *declarativas*, *interrogativas*, *imperativas* e *exclamativas*. Com respeito às funções, distinguem-se em *asserções*, *perguntas*, *comandos* e *exclamações*. Exemplos: "Chove" (proposição formalmente declarativa e com função de asserção); "Chove?" (proposição formalmente interrogativa e com função de pergunta); "Pegue

2. Para este tópico e o seguinte, seguimos, dentre os vários tratados de lógica, particularmente o de J. M. Copi, *Introduction to Logic* (1953).

o guarda-chuva" (proposição formalmente imperativa e com função de comando); "Como você está molhado!" (proposição formalmente exclamativa com função de exclamação). Frequentemente – como resulta dos exemplos dados –, forma gramatical e função correspondem-se segundo a ordem anteriormente exposta: um comando vem habitualmente expresso na forma imperativa. Mas os dois critérios distinguem-se, porque o primeiro diz respeito ao modo pelo qual a proposição é expressa, e o segundo ao fim a que se propõe alcançar aquele que a pronuncia. E que os dois critérios sejam distintos, pode-se mostrar pelo fato de que a mesma função pode ser expressa com formas diferentes; e, inversamente, com a mesma forma gramatical pode-se exprimir funções diversas.

Entre todos os tipos de proposições, interessam-nos de modo particular os *comandos*, ou seja, aquelas proposições cuja função é, como veremos melhor em seguida, influir sobre o comportamento alheio para modificá-lo, e que por ora chamaremos genericamente de "comandos", ainda que seja necessário introduzir distinções ulteriores. Pois bem, um comando, ou uma proposição que se distingue por uma função particular, pode ser expresso, segundo as circunstâncias e os contextos, em todas as formas gramaticais mencionadas anteriormente. Certamente, a forma mais comum é a imperativa: "Estude!" (não se afirma, com isso, que a forma imperativa corresponda sempre ao modo verbal imperativo; há outras formas gramaticais imperativas, como aquela constituída pelo verbo auxiliar "dever": "Você deve estudar"). Mas um comando é às vezes expresso na forma declarativa, como ocorre na maioria dos artigos de lei, que, mesmo tendo uma indubitável função imperativa, são quase sempre expressos na forma declarativa. Quando o art. 566 do Código Civil italiano diz: "Ao pai e à mãe sucedem os filhos legítimos em partes iguais",[3] a intenção de quem pronunciou essa fórmula não é a de dar uma informação, mas a de impor uma série de comportamentos; trata-se manifestamente de uma proposição declarativa com função de comando. Assim, quando um pai, dirigindo-se ao filho, diz com ar ameaçador: "Você não acha que esta tarefa está cheia de erros?", a proposição é formalmente

3. Artigo alterado pela reforma do Direito de Família de 1975.

interrogativa, mas a função que o pronunciante lhe atribui é a de induzir o destinatário a corrigir a tarefa e, por isso, em última análise, não obstante a forma interrogativa, a proposição é um comando, ainda que expresso como uma interrogação. Muitas das "interrogações" que se fazem no Parlamento, segundo um procedimento estabelecido, são proposições, ou séries de proposições, cujo fim principal não é tanto aquele de receber informações (o interrogante comumente sabe com antecedência o que o governo responderá ou não) quanto o de induzir o governo a modificar o próprio comportamento: também aqui, atrás da forma interrogativa, aparece, em sentido amplo, a função preceptiva. Por fim, passando em frente de um portão de uma casa leio um cartaz assim escrito: "Cuidado com o cão!". É uma exclamação? Se a proposição tivesse a função exclamativa, significaria que os proprietários da casa quiseram com aquela frase exprimir publicamente o seu estado de ânimo sobre a periculosidade do seu cão. Mas não é assim: lendo o cartaz, compreendo que devo passar longe. Mas isso quer dizer que aquela frase, na sua aparência de exclamação, tem função de comando, ou pelo menos de recomendação, ou seja, não exprime sentimentos, mas tende a influenciar o comportamento alheio. Há um sinal nas estradas que todos conhecemos, composto por uma espécie de ponto exclamativo*; inútil dizê-lo, esse sinal não é expressão de um estado de espírito, mas um convite à prudência.

Assim como a mesma função pode ser expressa por meio de formas gramaticais diversas, também a mesma forma gramatical pode exprimir diversas funções. Em um tratado de geografia pode ocorrer que eu leia a seguinte frase: "A Itália divide-se em regiões, províncias e municípios". Ninguém duvida de que essa proposição declarativa é, em relação à função, uma asserção, ou seja, uma proposição cujo fim é dar uma informação. Na Constituição da República italiana leio o art. 114: "A República divide-se em regiões, províncias e municípios". A proposição é, em relação à forma gramatical, idêntica àquela que eu li no tratado de geografia. Mas o significado é também o mesmo? O constituinte não se propôs

---

*. O autor faz referência a uma sinalização presente na legislação de trânsito italiana, em que o ponto de exclamação indica "perigo". (N.E.)

absolutamente, editando esse artigo, a dar aos cidadãos italianos uma informação geográfica, mas a estabelecer uma diretriz para o legislador: a frase, em suma, não é uma asserção, mas uma norma.

3.4. As três funções

Julgo que seja possível distinguir três funções fundamentais da linguagem: a função *descritiva*, a *expressiva* e a *prescritiva*. Essas três funções dão origem a três tipos de linguagens bem diferenciadas, mesmo que nunca as encontremos em estado puro na realidade, quais sejam, a linguagem *científica*, a *poética* e a *normativa*. Interessa-nos de modo particular a função prescritiva: um conjunto de leis ou regulamentos, um Código, uma Constituição, constituem os mais interessantes exemplos de linguagem normativa, assim como um tratado de física ou de biologia constituem exemplos característicos da linguagem científica, e um poema ou uma canção, exemplos representativos da linguagem poética. Tais exemplos já elucidam a distinção. Sem a pretensão de apresentar definições rigorosas e exaustivas, aqui nos basta dizer que a função descritiva, própria da linguagem científica, consiste em dar informações, em comunicar aos outros certas notícias, na transmissão do saber, em suma, em *fazer conhecer*; a função expressiva, própria da linguagem poética, consiste em evidenciar certos sentimentos e em tentar evocá-los, de modo a *fazer participar* os outros de uma certa situação sentimental; a função prescritiva, própria da linguagem normativa, consiste em dar comandos, conselhos, recomendações, advertências, influenciar o comportamento alheio e modificá-lo, em suma, no *fazer fazer*.

Embora seja difícil encontrar esses tipos de linguagem no estado puro, deve-se admitir, porém, que a linguagem científica tende a se despir de toda função prescritiva e expressiva quando nasce o ideal científico, que, segundo Espinosa, não chora e não ri, e é indiferente às consequências práticas que possam derivar de suas próprias descobertas. Uma poesia, quanto mais se libera da função informativa (para obter dados sobre Zacinto* lerei um tratado de geografia, e não um soneto de Foscolo**) e da prescritiva (uma poesia que se proponha a promover uma ação é uma poesia didascálica ou oratória, e, conforme os cânones bem conhecidos da estética da intuição-expressão, uma não-poesia), mais genuína se torna. Um corpo de leis tende a eliminar tudo o que não é preceito, e portanto a característica de um moderno Código em confronto com as leis de uma civilização menos desenvolvida está propriamente na eliminação de todos os elementos descritivos e evocativos que com frequência aparecem misturados aos prescritivos. Há, apesar disso, tipos de discurso cuja característica consiste propriamente em combinar dois ou mais tipos de linguagem: um discurso celebrativo, em uma comemoração, é uma combinação de proposições descritivas e expressivas (trata-se de dar notícias sobre a vida do homenageado e ao mesmo tempo suscitar certos sentimentos de admiração pelas obras realizadas, indignação pelas injustiças sofridas, dor pela morte precoce etc.); um sermão é uma combinação de proposições expressivas e prescritivas (trata-se de suscitar certos sentimentos – piedade pelos mortos, compaixão pelos aflitos etc. – e de persuadir a cumprir certas obras); o pronunciamento de um advogado de defesa é quase sempre uma combinação de informações (por exemplo, a figura moral e intelectual do imputado), de evocação de sentimentos (a chamada "moção de afetos") e de prescrições (o pedido de absolvição).

Que uma prescrição venha acompanhada de outros tipos de proposições não é difícil de explicar. Para que a pessoa a quem se dirige a prescrição resolva agir nem sempre basta que escute o pronunciamento do comando puro e simples, é necessário, às vezes, que ela conheça certos fatos e deseje certas consequências. Para que tenha conhecimento desses fatos que a induzem a agir, é necessário dar-lhe informações; para que deseje certas consequências, é preciso suscitar-lhe um certo estado de espírito; logo, para que venha a conhecer certos fatos e desejar certas consequências, é necessário informá-la e suscitar-lhe um determinado

*. *Zacinto*: ilha localizada a noroeste da Grécia, também conhecida como Zaquintos. (N.E.)

**. *Niccolò Ugo Foscolo*: poeta e escritor italiano nascido em 1778. (N.E.)

estado de espírito. Assim, quando digo "Pegue o guarda-chuva" e acrescento "Chove", uno a prescrição à informação. Se digo, "Dê uma esmola para aquele pobrezinho" e continuo "Como é triste a miséria!", uno a prescrição à evocação de um sentimento. Dizendo, enfim, "Coma aquilo que está no prato" e, em seguida, "É leite", e depois, como se não bastasse, "Se você soubesse como é bom!", uno a prescrição à informação e à evocação de um estado de espírito favorável ao cumprimento da ação. Até mesmo o legislador pode recorrer a discursos descritivos e evocativos para reforçar os seus preceitos; pode ser muito útil, para fazer-se cumprir uma lei, fornecer as mais amplas informações sobre as vantagens que se pode obter com isso, ou então suscitar com evocações passionais – por exemplo, o amor à pátria – estados de espírito favoráveis à obediência. A linguagem prescritiva é a que tem maiores pretensões, porque tende a modificar o comportamento alheio; nada estranho que se faça valer das outras duas para exercitar a sua própria função.

3.5. Características das proposições prescritivas

Um dos problemas em que estiveram majoritariamente empenhados os lógicos nos últimos tempos é a distinção entre proposições descritivas e prescritivas. É um assunto sobre o qual foram escritos nesses anos centenas de livros e artigos. A obra que teve mais sucesso nesse campo, e que está geralmente no centro das discussões, é a de R. M. Hare, *The Language of Morals* [*A Linguagem da Moral*] (1952), à qual remeto definitivamente. Na Itália, o primeiro estudo sobre o assunto é o de U. Scarpelli, *Il problema della definizione e il concetto di diritto* [*O problema da definição e o conceito de direito*] (1955), cujo primeiro capítulo é dedicado ao tema "Linguagem prescritiva e linguagem descritiva".

Podem-se resumir as características diferenciais das proposições prescritivas e descritivas em três pontos:

a) em relação à função;
b) em relação ao comportamento do destinatário; e
c) em relação ao critério de valoração.

Pelo que se refere à *função*, já dissemos o essencial. Com a descrição, queremos informar outrem; com a prescrição, modificar seu comportamento. Não significa que uma informação também não influencie o comportamento alheio. Quando em uma cidade estrangeira pergunto a indicação de uma rua, a resposta induz-me a andar em uma direção em vez de em outra. Mas a influência da informação sobre o meu comportamento é indireta, enquanto a influência da prescrição é direta. A fim de que a informação "Rua Roma é a quarta à direita" tenha uma influência sobre o meu comportamento, deve-se inserir em um contexto mais amplo, de que faça parte a prescrição "Devo ir à rua Roma". Toda modificação voluntária do comportamento pressupõe o momento prescritivo.

Quanto ao *destinatário*, foi precisamente Hare quem colocou em relevo que, frente a uma proposição descritiva, pode-se falar em consentimento do destinatário quando este *crê* que a proposição é verdadeira. Em uma proposição prescritiva, ao contrário, o consentimento do destinatário manifesta-se pelo fato de que a *executa*. Em outras palavras, pode-se dizer que a prova da aceitação de uma informação é a *crença* (um comportamento mental), a prova da aceitação de uma prescrição é a *execução* (um comportamento prático, ainda que a distinção entre comportamento mental e prático seja muito duvidosa e aqui se faça apenas uma primeira aproximação). Diz Hare (1952, p. 20):

> Podemos caracterizar provisoriamente a diferença entre asserções e comandos, dizendo que, enquanto o consentir sinceramente nas primeiras implica *crer* em alguma coisa, o consentir sinceramente nos segundos implica *fazer* alguma coisa.

O caráter distintivo que parece decisivo é o que se refere ao *critério de valoração*. Sobre as proposições descritivas, pode-se dizer que são *verdadeiras* ou *falsas*; sobre as prescritivas, não. As proposições prescritivas não são nem verdadeiras nem falsas, no sentido de que não estão sujeitas à valoração de verdade e falsidade. Há sentido em perguntar se a asserção "Ulan Bator é a capital da Mongólia" é verdadeira ou falsa; não há sentido em perguntar se o preceito "Pede-se para limpar os sapatos antes de entrar" é verdadeiro ou falso. Verdade e falsidade não são atributos das proposições prescritivas, mas somente das descritivas. Os critérios de valoração com base em que aceitamos ou rejeitamos uma prescrição são outros. A propósito das normas jurídicas, falamos da valoração segundo a *justiça* e a *injustiça* (e segundo a *validade* e a *invalidade*). Então diremos que, enquanto não tem sentido perguntar-se se um preceito é verdadeiro ou falso, tem sentido perguntar-se se é *justo* ou *injusto* (oportuno ou inoportuno, conveniente ou inconveniente) ou ainda *válido* ou *inválido*.

A diferença entre os predicados aplicáveis às proposições descritivas e os aplicáveis às prescritivas deriva da diferença de critérios com base nos quais valoramos umas e outras para dar-lhes o nosso consentimento. O critério por meio do qual valoramos as primeiras para aceitá-las ou rejeitá-las é a correspondência com os fatos (critério de *verificação empírica*) ou com os postulados autoevidentes (critério de *verificação racional*), segundo se trate de proposições sintéticas ou analíticas. Chamamos de empiricamente verdadeiras as proposições cujo significado é verificado por via empírica, e racionalmente verdadeiras as que são verificadas por via racional. O critério por meio do qual valoramos as segundas para aceitá-las ou rejeitá-las é a correspondência com os valores últimos (critério de *justificação material*) ou a derivação das fontes primárias de produção normativa (critério de *justificação formal*). Chamamos de *justas* (ou convenientes) as primeiras, e de *válidas* as segundas. Observe-se que para ambos os tipos de proposições valem dois critérios, um material e outro formal, mas que não se correspondem entre si. Para tanto, pode-se visualizar uma correspondência entre o segundo critério de verificação (uma proposição é verdadeira quando deduzida das proposições primitivas formuladas como verdadeiras) e o primeiro critério de justificação (uma norma é justa quando é deduzida de uma norma superior formulada como justa). O primeiro critério de verificação das proposições descritivas não encontra correspondência com a valoração das prescrições (seria possível encontrar uma correspondência com o critério da eficácia, precedentemente ilustrado, mas esse não é de forma alguma um critério decisivo para a aceitação ou a rejeição das normas). O segundo critério de justificação não encontra correspondência com a valoração das proposições descritivas (seria possível fazê-lo corresponder ao que se chama de valoração segundo o princípio de autoridade, mas esta é uma valoração tão acolhida no mundo normativo quanto desacreditada no domínio descritivo).

Em última análise, a diferença entre a verificação das proposições descritivas e a justificação das proposições prescritivas está na maior objetividade da primeira em relação à segunda; enquanto a primeira tem como último ponto de referência o que é observável e pertence ao domínio da percepção, a segunda encontra o seu último ponto de referência no que é desejado, apetitoso, objeto de tendência ou inclinação, e pertence ao domínio da emoção ou do sentimento. Pode-se dizer, para marcar essa diferença, que a verdade de uma proposição científica pode ser *demonstrada*, enquanto pode-se somente procurar *persuadir* os outros sobre a justiça de uma norma (daí a diferença que vem se firmando entre *lógica*, ou teoria da demonstração, e *retórica*, ou teoria da persuasão).

3.6. Pode-se reduzir as proposições prescritivas a proposições descritivas?

Julgamos que a diferença entre os dois tipos de proposições, examinadas no tópico precedente, seja irredutível. Trata-se de dois tipos de proposições que possuem um *status* diverso. Mas não desejamos passar em silêncio sobre a mais séria tentativa de redução até agora realizada.[4]

4. Ver A. Visalberghi, *Esperienza e valutazione* [Experiência e Valoração], Turim, 1958, sobretudo o capítulo II, "La logica degli imperativi e delle norme" ["A lógica dos imperativos e das normas"], p. 37-67, onde se retoma e se desenvolve a tese de H. G. Bonhert, "The semiotic status of command" ("O status semiótico de comando"), em *Philosophy of Science* (Filosofia da Ciência), XII, 1945, p. 302-15.

A tese reducionista é formulada do seguinte modo: uma prescrição, por exemplo, "Faça *X*", pode ser sempre reduzida a uma *proposição alternativa* do tipo: "Ou faça *X* ou lhe sucede *Y*", onde *Y* indica uma consequência desagradável. A proposição alternativa, sustenta-se, não é mais uma prescrição, mas uma descrição, uma proposição que descreve o que sucederá; o que tanto é verdade que é possível dizer se ela é verdadeira ou falsa: verdadeira quando *Y* se verifica, falsa quando *Y* não se verifica. É claro que essa redução repousa sobre o pressuposto de que ordenar implica sempre a ameaça de uma sanção; em outras palavras, a força do comando, o que o torna um conjunto de palavras significantes cuja função é modificar o comportamento alheio, reside nas consequências desagradáveis que o destinatário deve esperar de sua inexecução. Se eu digo ao estudante da primeira carteira "Feche a porta", essa minha proposição é um comando apenas se o estudante estiver convencido de que, não o executando, eu possa repreendê-lo, ou pior, prejudicá-lo com um mau juízo de conduta. Se, ao contrário, o estudante estivesse convicto de que, não seguindo o comando, não lhe sucederia exatamente nada, aquelas três palavras por mim pronunciadas, embora estando expressas na forma imperativa, não passariam de um *flatus vocis* [vozes ao vento], ou então de uma mera manifestação do meu estado de espírito. Não há dúvida de que a tese é sugestiva; não obstante, creio não poder aceitá-la, especialmente, por três considerações:

1) Que todo comando seja caracterizado pela sanção é uma afirmação dificilmente confirmável por fatos; poderia talvez ser verdadeiro para os comandos jurídicos (como veremos em seguida), mas não se consegue perceber como pode ser sustentado para toda forma de comando. Hare, que não aceita a tese da redução, para dar um exemplo de comando sem consequência, propõe o seguinte: "Diga a seu pai que eu lhe telefonei". Certamente trata-se de uma prescrição, porque com essa frase o locutor pretende fazer que uma outra pessoa faça alguma coisa. Mas, se essa pessoa não a executa, o que sucede? Se tentarmos colocar essa proposição sob forma alternativa, perceberemos que faltará a segunda parte: "Ou diga a seu pai que eu lhe telefonei, ou então...". Ou então o

quê? Muito em geral, parece que por trás da tese da redução haja a convicção de que a única razão pela qual se segue um comando é o temor da sanção, e portanto a função de ordenar é realizada somente mediante a ameaça. Mas se trata manifestamente de uma falsa generalização. Não quero me empenhar aqui na discussão de se há imperativos incondicionais ou categóricos, isto é, imperativos que são seguidos apenas porque são imperativos, mesmo se sobre a existência de tais imperativos Kant funde a autonomia da lei moral, que se distingue de todas as outras leis pelo fato de ser obedecida por si mesma (*o dever pelo dever*), e não devido à vantagem ou desvantagem que delas se possa tirar (*o dever por um fim externo*). Mas, prescindindo totalmente da teoria kantiana da moral, e contentando-se com observações no campo da experiência comum, notamos que há comandos que são seguidos unicamente devido ao prestígio, à ascendência ou à autoridade das pessoas que ordenam, e assim, por meio de uma postura que não é de temor, mas de estima ou respeito pela autoridade (é o caso em que a ordem do chefe é obedecida não porque ele se coloque em posição de infligir uma pena, mas porque é o chefe). Em todos esses casos não há alternativa, e, portanto, a redução da proposição prescritiva à proposição alternativa é impossível.

2) De qualquer forma, esse primeiro argumento não é decisivo. Podemos mesmo admitir que haja verdadeira e propriamente um comando (e não apenas uma proposição que tem a forma gramatical de comando, mas não cumpre a função) unicamente onde a ausência de execução comporta consequências desagradáveis, e que, portanto, se possa admitir sempre que uma prescrição converta-se em uma alternativa. Mas, desse modo, foi realmente dada uma resposta satisfatória ao problema de reduzir a prescrição a uma descrição? Não creio. A segunda parte da alternativa, "...ou sucede *Y*", não se refere a um fato qualquer, mas a um fato *desagradável* para o destinatário do comando. Ora, "desagradável" é um termo não descritivo, mas de valor, isto é, não indica uma qualidade objetiva,

observável, do fato, mas a atitude que se assume diante daquele fato, que neste caso é uma atitude de condenação ou de recusa, ou seja, é um termo que tem um significado não descritivo e que não é redutível a termos descritivos, mas em última análise, como todo termo de valor, tem um significado prescritivo. Quando, de fato, eu julgo uma coisa desagradável, nada digo sobre a qualidade da coisa, digo simplesmente que essa coisa deve ser evitada, isto é, formulo um convite ou uma recomendação para evitá-la; em outras palavras, pretendo influenciar o comportamento dos outros em um certo sentido. Mas então, se a segunda parte da alternativa é constituída de um termo de valor, a função prescritiva expulsa pela porta retorna pela janela, no sentido de que o estímulo para modificar o comportamento não será mais dado pelo comando considerado em si mesmo, porém pelo juízo de valor sobre a consequência que dele decorreria em caso de violação, e portanto, a função prescritiva é só mascarada, não eliminada, reenviada do comando para a consequência do comando, mas não suprimida. Imaginemos que a segunda parte da alternativa contenha um termo não de valor, mas descritivo, por exemplo: "Ou feche a porta ou choverá" (supondo-se que o fato de chover seja indiferente ao interlocutor), e já fica claro que essa proposição não pode ser considerada como a resolução em termos de alternativas de um comando. E não pode ser considerada como a resolução de um verdadeiro comando, porque falta à segunda parte um juízo de valor que realize a função prescritiva própria do comando.

3) Há, enfim, um terceiro argumento que me parece decisivo. A consequência que é atribuída à inexecução de um comando não é um efeito naturalmente ligado à ação contrária à lei, mas é uma consequência que é atribuída a essa ação pela mesma pessoa que colocou o comando. Como veremos melhor em seguida, aqui, seguindo a terminologia usada por Kelsen, digamos que a consequência não está para o ilícito em relação de causalidade, mas de imputação. O imperativo "Feche a porta" não se reduz à alternativa "Ou feche a

porta ou pegará um resfriado", mas a esta outra alternativa: "Ou feche a porta ou será punido". Ora, no que importa esse tipo de consequência? Importa que, no caso de violação, intervém um novo comando e correlativamente uma nova obrigação, vale dizer: o comando para quem deve executar a punição, e a obrigação, de quem recebe esse comando, de segui-lo. Não interessa se a pessoa que deve executar a punição é a mesma que formulou o comando. O que importa notar é que a consequência da transgressão põe em ação outro imperativo, o que implica que o imperativo excluído da primeira parte do comando se encontra, embora de modo implícito, na segunda. Um comando como "Você não deve roubar" transforma-se na alternativa "Ou você não rouba ou o juiz o punirá".

Essas considerações convidam-nos a concluir que a tentativa de redução de um comando a uma proposição descritiva mediante o expediente da alternativa é uma solução irreal. A alternativa não tem por si mesma a forma de uma proposição descritiva, tem uma forma por meio da qual pode-se exprimir tanto uma proposição descritiva quanto uma prescritiva, conforme a preenchamos com termos descritivos ou com termos de valor (que desempenhem função prescritiva), ou ainda com outras prescrições.

3.7. Pode-se reduzir as proposições prescritivas a proposições expressivas?

Outra tentativa de redução das proposições prescritivas, porém, em nossa opinião, também não convincente, é a que consiste em afirmar que as proposições prescritivas não passam de uma formulação de proposições expressivas. Essa tese é formulada deste modo: dizer "Você deve fazer *X*" ou "Faça *X*" equivale a dizer: "Eu desejo (ou eu gostaria, eu quero etc.) que você faça *X*". O comando seria redutível, em última análise, à expressão de um estado de espírito, e consistiria na comunicação desse estado de espírito a outrem.

Tampouco essa redução nos parece convincente e, para mostrar a nossa perplexidade, aduzimos, também aqui, três argumentos:

1) Não há dúvida de que eu posso formular um comando na forma de uma expressão de desejo ou de vontade. Quando digo, por exemplo, a meu filho: "Desejo (ou quero) que você faça a lição", a minha intenção não é suscitar nele igual desejo, mas fazê-lo executar aquela determinada ação. No entanto, como dissemos várias vezes, o que permite distinguir os diversos tipos de proposições não é a forma em que são expressas, mas a sua funcionalidade. Ora, em relação à funcionalidade, permanece sempre insuperável a diferença entre fazer alguém participar de um estado de espírito e fazê-lo cumprir uma determinada ação. Pode-se dizer, além disso, que a evocação de um estado de espírito é preparatória ao cumprimento de uma ação, ou, mais genericamente, à modificação de um comportamento. Mas também é preparatória da ação, como já vimos, uma informação sobre as circunstâncias e consequências da ação que se deseja que seja cumprida.
2) Uma segunda consideração, e mais decisiva, é a seguinte: um comando é tal, em função do resultado que consegue, independentemente do sentimento que evoca na pessoa do destinatário. Não é inteiramente indispensável que o destinatário execute o comando depois de ter participado do estado de espírito de quem o tenha enunciado. Um comando permanece como tal ainda se o destinatário o executar com um estado de espírito diferente daquele de quem comanda. O estado de espírito do pai que manda o filho estudar é determinado pelo valor que ele atribui ao estudo para sua formação cultural ou para a obtenção de um título de estudo útil. O filho que obedece a ele pode, ao contrário, estar determinado a cumprir o comando unicamente pela sujeição aos confrontos da autoridade paterna ou pelo temor de um castigo. Nesse caso, o comando desenvolve a sua função independentemente da participação do sujeito ativo e do sujeito passivo na valoração. Isso se nota habitualmente no mundo do direito, onde a relação entre o legislador e os cidadãos não é necessariamente de participação

a uma igual valoração da oportunidade ou da justiça da lei: o legislador, ao estabelecer uma lei, pode atribuir uma valoração diferente daquela que tem o cidadão que a ela obedece. Mas a lei é o que é, pelo fato de realizar função que lhe é própria, de exercer uma influência sobre o comportamento dos cidadãos. O que importa à lei para que seja um comando não é a transmissão de certas valorações e, portanto, de certos sentimentos que são a origem dessas valorações, mas que seja executada quaisquer que forem as valorações que determinem sua execução. Pode muito bem acontecer que dois cidadãos cumpram a mesma lei por razões diferentes. É claro, nesse caso, que a lei exerceu a sua função prescritiva sem ter desenvolvido ainda a função de proposição expressiva.

3) Finalmente, pode-se acrescentar a consideração de que uma lei perdura no tempo e, como dizem os juristas, no decurso da sua existência ela se afasta da vontade do legislador, e continua a ter sua função de comando independentemente das valorações que a fizeram surgir. Essas valorações podem até desaparecer, não obstante, a lei continua a ser uma lei e a determinar o comportamento dos cidadãos. Nesse caso, seria muito difícil dizer qual a valoração que a lei exprime. Não exprime claramente nenhuma. No entanto, desde que seja obedecida, ela é um comando.

3.8. Imperativos autônomos e heterônomos

Com as considerações precedentes, procuramos mostrar a especificidade da categoria das proposições prescritivas em confronto com as duas outras categorias de proposições, descritivas e expressivas. Agora, devemos tentar precisar melhor seu caráter, distinguindo tipos diversos de prescrições. A categoria das prescrições é vastíssima: compreende tanto as regras morais quanto as regras da gramática, tanto as normas jurídicas quanto as prescrições de um médico. Aqui ilustramos três critérios fundamentais de distinção:

1) com respeito à relação entre sujeito ativo e passivo da prescrição (tópico 3.8, ver p. 88);
2) com respeito à forma (tópico 3.9, ver p. 92); e
3) com respeito à força obrigante (tópicos 3.10 e 3.11, ver p. 94 e 98).

Não negamos, no entanto, que existam outros. Esses três critérios de distinção interessam-nos porque possuem particular relevância no estudo das normas jurídicas.

Com respeito à relação entre sujeito ativo e passivo, distinguem-se os imperativos *autônomos* dos *heterônomos.* Diz-se autônomos aqueles imperativos nos quais uma mesma pessoa é quem formula e quem executa a norma. Diz-se heterônomos aqueles nos quais quem formula a norma e quem a executa são pessoas diversas. Essa distinção é historicamente importante porque foi introduzida por Kant (no *Fundamento da Metafísica dos Costumes*)* para caracterizar os imperativos morais em confronto com todos os outros imperativos. Para Kant, os imperativos morais, e só os imperativos morais, são autônomos. São autônomos porque a moral consiste em comandos que o homem, enquanto ser racional, dá a si mesmo, e não os recebe de nenhuma outra autoridade que não seja a própria razão. Quando o homem, ao invés de obedecer à legislação da razão, obedece aos instintos, às paixões, aos interesses, segue imperativos que o desviam do aperfeiçoamento de si próprio: o seu comportamento consiste, nesses casos, na adesão a princípios que estão fora dele e, enquanto tal, não é mais um comportamento moral. Com as próprias palavras de Kant[5]:

> A *autonomia* da vontade é a qualidade que possui a vontade *de ser lei de si mesma*;

e a antítese:

> Quando a vontade procura a lei que deve determiná-la em lugar distinto ao da inclinação de suas máximas de instituir como sua uma legislação

---

*. Obra publicada em *Clássicos Edipro*, intitulada *A metafísica dos costumes*. (N.E.)

5. As duas citações são retiradas da tradução italiana do *Fundamento da Metafísica dos Costumes*, (Paravia, p. 104).

> universal, quando, por consequência, ultrapassando a si mesma, procura esta lei na qualidade de qualquer de seus objetos, disso resulta sempre uma *heteronomia*. A vontade não dá então a lei a si mesma; é o objeto, ao contrário, graças as suas relações com ela, que lhe dá a lei.

A distinção entre imperativos autônomos e heterônomos tem importância para o estudo do direito porque constituiu um dos tantos critérios com os quais se desejou distinguir a moral do direito. Segundo Kant, a moral resolve-se sempre em imperativos autônomos, e o direito, em imperativos heterônomos, visto que o legislador moral é interno, e o jurídico é externo. Em outras palavras, essa distinção pretende sugerir que, quando nos comportamos moralmente, não obedecemos a ninguém além de nós mesmos; quando, ao contrário, agimos juridicamente, obedecemos a leis que nos são impostas por outros.

Aqui, nós não discutimos a distinção. Limitamo-nos a levantar alguma dúvida de que ela possa ser utilizada para distinguir a moral do direito, ou, de qualquer forma, para identificar o direito com as normas heterônomas. Se prescindimos do modo como Kant dispôs o problema da moralidade, devemos convir que há sistemas morais fundados na heteronomia. Uma moral religiosa, por exemplo, que funda os preceitos morais na vontade de um ser supremo, é uma moral heterônoma, sem por isso confundir-se com um sistema jurídico. Os Dez Mandamentos e as prescrições que deles podem derivar fundam um sistema moral heterônomo, mas não chegam a ser, por si mesmos, um ordenamento jurídico. E assim, se considerarmos um sistema moral oposto ao fundado sobre a vontade divina, por exemplo, um sistema moral inspirado em uma filosofia positivista, para o qual a moral é o complexo de normas sociais originadas das relações de convivência entre os homens no curso de sua história, e formando aquilo que se chama *ethos* de um povo, ainda nesse caso, encontramo-nos frente a uma moral heterônoma, que nem por isso converte-se imediatamente em um sistema jurídico.

Por outro lado, não se afirmou que os imperativos autônomos não podem ser encontrados também no campo do direito: nem o direito, somente por esse fato, confunde-se com a moral. O conceito de autonomia é utilizado no sentido próprio de normas ou complexo de normas nas quais o legislador e o executor se identificam, tanto no direito privado quanto no direito público. No direito privado, fala-se em esfera da *autonomia privada* para indicar a regulamentação de comportamentos que os cidadãos dão a si mesmos, independentemente do poder público. Podemos entender um contrato como uma norma autônoma, no sentido de que é uma regra de conduta que deriva da mesma vontade das pessoas que se submetem a ela. Em um contrato, aqueles que estabelecem as regras e aqueles que devem segui-las são as mesmas pessoas. O mesmo pode-se dizer de um tratado internacional, que dá origem a regras de comportamento que valem apenas para os Estados que participaram da estipulação do tratado. No campo do direito público, o Estado moderno tende para o ideal do *Estado democrático.* E o que é o Estado democrático senão o Estado fundado sobre o princípio da autonomia, isto é, sobre o princípio de que as leis, que devem ser seguidas pelos cidadãos, devem ser elaboradas por esses mesmos cidadãos? Rousseau, o teórico do Estado democrático moderno, define de maneira bastante clara o princípio inspirador da democracia em termos de autonomia, quando diz (com uma fórmula que inspirou o próprio Kant): "A liberdade consiste na obediência à lei que cada um se prescreveu" (*O Contrato Social*, capítulo VIII). Hoje, podemos ler em um dos tratados mais difundidos de teoria do Estado, o de Kelsen, a distinção entre dois tipos de regimes contrapostos, o democrático e o autocrático, fundada na distinção entre autonomia, que é a característica do regime democrático, e heteronomia, característica do regime aristocrático. Entende-se que um Estado com uma legislação perfeitamente autônoma é um ideal-limite, realizável somente onde a democracia direta, ou seja, a democracia sem representação (que, aliás, era o ideal de Rousseau), substituísse a democracia indireta, tal como é praticada nos Estados modernos. Isso não impede que haja sentido em se falar de autonomia também em relação às normas jurídicas, e que, portanto, a distinção entre normas autônomas e heterônomas, prescindindo da particular acepção dada por Kant, não possa ser utilizada para distinguir a moral do direito.

3.9. Imperativos categóricos e imperativos hipotéticos

Uma outra distinção que remonta a Kant, e que também foi utilizada, como veremos em seguida, para distinguir a moral do direito, é aquela entre *imperativos categóricos* e *imperativos hipotéticos*. Essa distinção repousa na forma em que o comando é expresso, ou seja, se é expresso por um juízo categórico ou por um juízo hipotético.

Imperativos categóricos são aqueles que prescrevem uma ação boa em si mesma, isto é, uma ação boa em sentido absoluto, que deve ser cumprida *incondicionalmente*, ou com nenhum outro fim a não ser o seu cumprimento enquanto ação devida. É um imperativo categórico o seguinte: "Não se deve mentir". Imperativos hipotéticos são aqueles que prescrevem uma ação boa para atingir um fim, isto é, uma ação que não é boa em sentido absoluto, mas boa somente quando se deseja, ou se deve, atingir um fim determinado e, assim, é cumprida *condicionalmente* para a obtenção do fim. É um imperativo hipotético o seguinte: "Se você quiser sarar do resfriado, deve tomar aspirina". Os imperativos categóricos seriam próprios, segundo Kant, da legislação moral, e podem, portanto, ser chamados de *normas éticas*. Quanto aos imperativos hipotéticos, segundo Kant, distinguem-se, por sua vez, em duas subespécies, de acordo com o fim a que a norma se refere, um fim *possível* ou um fim *real*, isto é, um fim que os homens podem perseguir ou não, ou um fim que os homens não podem deixar de perseguir. Exemplo do primeiro fim são as regras que Kant chama de *habilidade*, como por exemplo: "Se quiser aprender latim, você deve fazer exercícios de tradução do italiano para o latim"; exemplo do segundo fim são as regras que Kant chama de *prudência*, como por exemplo: "Se você quiser ser feliz, deve dominar as paixões". Esse segundo fim distingue-se do primeiro porque, ao menos conforme Kant, a felicidade é um fim cuja obtenção não é deixada à livre escolha do indivíduo, como o de aprender latim, mas é um fim intrínseco à própria natureza do homem. A rigor, um imperativo desse gênero, por ser condicionado (ou seja, condicionado à obtenção do fim), não se exprime com uma proposição hipotética. A sua fórmula correta é: "Visto que deve *Y*, deve *X*".

Seguindo a terminologia de Kant, que podemos adotar, os imperativos condicionados do primeiro tipo são *normas técnicas*, os do segundo tipo são *normas pragmáticas*. Concluindo: para Kant, podem-se distinguir, com base na forma, três tipos de normas: as normas éticas, cuja fórmula é: "Você deve *X*"; as normas técnicas, cuja fórmula é: "Se você quiser *Y*, deve *X*"; e as normas pragmáticas, cuja fórmula é: "Visto que você deve *Y*, também deve *X*".

Enquanto nos perguntamos se a distinção entre normas autônomas e heterônomas é de alguma utilidade para uma melhor compreensão da normatividade jurídica, com relação à distinção entre imperativos categóricos e imperativos hipotéticos, o problema que se coloca é sobre o seu fundamento, isto é, se os imperativos hipotéticos, em particular as normas técnicas, são verdadeiramente imperativos. Disso se duvida. Notou-se que as normas técnicas derivam, comumente, de uma proposição descritiva cuja relação entre uma causa e um efeito foi convertida em uma relação de meio e fim, em que à causa vem atribuído o valor de meio e ao efeito, o valor de fim. A norma técnica "Se quiser ferver a água, você deve aquecê-la a 100 graus", em que a fervura é o fim e o aquecimento é o meio, deriva da proposição descritiva "A água ferve a 100 graus", na qual o calor de 100 graus é a causa e a fervura é o efeito. O imperativo hipotético mencionado anteriormente, "Se você quiser sarar do resfriado, tome aspirina", deriva da proposição descritiva "A aspirina cura o resfriado". Ora, se o imperativo tem a função de produzir na pessoa a quem se dirige uma obrigação de comportar-se de um determinado modo, não se vê qual obrigação deriva de um imperativo hipotético dessa espécie; e de fato, a escolha do fim é livre (e portanto não obrigatória), e uma vez escolhido o fim, o comportamento que dele deriva não pode ser considerado obrigatório, porque é *necessário*, no sentido de uma necessidade natural, e não jurídica nem moral. Se eu quiser ferver a água, o ato de aquecê-la a 100 graus não é a consequência de uma norma, mas uma lei natural que não me obriga, mas me constrange a comportar-me daquele modo.

Efetivamente, se todos os imperativos hipotéticos fossem normas técnicas do tipo descrito até agora, seria muito discutível que pudessem ser considerados imperativos, visto que o comportamento que contemplam, quando cumprido, não o é por força de um comando, mas por força de uma necessidade natural. Mas nem todos os imperativos hipotéticos podem ser reconduzidos ao tipo de normas técnicas até aqui descrito. Existem, como veremos, imperativos hipotéticos no direito; aliás, segundo alguns, todos os imperativos jurídicos são hipotéticos. A norma que estabelece, por exemplo, que a doação deve ser feita por ato público pode ser formulada de modo hipotético desta forma: "Se você quiser fazer uma doação, deve realizar um ato público". A característica de um imperativo hipotético desse tipo é que a consequência ou o fim não é efeito de uma causa no sentido naturalista, mas é uma consequência imputada a uma ação considerada como meio pelo ordenamento jurídico, ou seja, por uma norma. Aqui, a relação meio/fim não é a conversão em forma de regra de uma relação entre causa e efeito, mas de uma relação entre um fato qualificado pelo ordenamento como condição e um outro fato que o mesmo ordenamento qualifica como consequência. Logo, nesse caso, uma vez escolhido o fim, que é livre – segundo o exemplo, dar algo a um outro –, a ação que realizo para atingir o fim – segundo o exemplo, celebrar um ato público – não é a adequação a uma lei natural, mas a uma regra de conduta, isto é, a uma verdadeira prescrição, e pode-se falar propriamente de ação obrigatória. Assim, enquanto pode-se duvidar de que muitos dos denominados imperativos hipotéticos são propriamente imperativos, não se pode negar que há prescrições que assumem a forma de imperativos hipotéticos, quer dizer, de imperativos que não impõem uma ação como boa em si mesma, mas ao atribuir a uma determinada ação uma certa consequência (favorável ou desfavorável), induzem a cumprir aquela ação não por si própria, mas porque ela se torna meio para alcançar um fim (quando a consequência atribuída é favorável) ou para evitar alcançá-lo (quando a consequência atribuída é desfavorável).

3.10. Comandos e conselhos

O último critério de distinção que aqui consideramos no âmbito das proposições prescritivas é o que diz respeito à força vinculante. Até agora, falamos dos imperativos (ou comandos). Mas os imperativos (ou comandos) são aquelas prescrições que têm maior força vinculante. Essa maior força vinculante exprime-se dizendo que o comportamento previsto pelo imperativo é *obrigatório*, ou, em outras palavras, o imperativo gera uma *obrigação* à pessoa a quem se dirige. Imperativo e obrigação são dois termos correlativos: onde existe um, existe o outro. Pode-se exprimir o imperativo em termos de obrigatoriedade da ação-objeto, assim como pode-se exprimir a obrigatoriedade em termos de comando-sujeito. Mas nem todas as prescrições, ou melhor dizendo, nem todas as proposições com as quais tentamos determinar o comportamento alheio implicam obrigações. Há modos mais brandos ou menos vinculantes de influenciar o comportamento alheio. Aqui examinamos dois tipos que têm particular relevância no mundo do direito: os *conselhos* e as *instâncias*.

Embora as modernas teorias gerais do direito costumem passar em silêncio pelo problema da distinção entre comandos e conselhos (há, porém, uma indicação na *Juristische Grundlehre* [Doutrina Jurídica Fundamental] de F. Somlo, p. 179 ss.), a disputa é antiga: os teólogos conhecem a diferença entre conselhos evangélicos, que são aquelas máximas de Cristo cujo conteúdo não é obrigatório, mas é um meio pura e simplesmente recomendado para atingir uma mais alta perfeição espiritual, e os preceitos ou mandamentos cujo conteúdo, ao contrário, é obrigatório. Com parâmetros nesta distinção, não há antigo tratadista de direito natural que não tenha tocado na questão e não tenha discutido a validade e os critérios que a norteiam. Em uma longuíssima nota a Grócio, que admitira a distinção, o tradutor e comentarista Jean Barbeyrac afirma que ela não é sustentável, e assim não se pode falar em conselhos morais, porque onde se encontram aquelas máximas que se denominam conselhos, como, por exemplo, a máxima de não se casar novamente ou de permanecer solteiro, esta ou indica uma ação indiferente (e então não é comando nem conselho) ou indica uma ação obrigatória em certas circunstâncias e para certas pessoas (e então é um comando). Além disso, Barbeyrac sustenta que a distinção é prejudicial porque pode desviar os homens da virtude (em *De iure belli ac pacis* [Do Direito da Guerra e da Paz], trad. Barbeyrac, I, 2, 9, n. 19).

Observa-se, também, que a distinção entre comandos e conselhos pode servir para distinguir o direito da moral, assim como servem as distinções entre normas autônomas e heterônomas, e entre normas categóricas e hipotéticas. Deveríamos dizer, então, que só o direito obriga; a moral limita-se a aconselhar, a oferecer recomendações que deixam o indivíduo livre (isto é, apenas ele responsável) para segui-las ou não. Certamente, o autor ao qual, talvez, melhor do que a nenhum outro, possa-se atribuir uma distinção desse gênero seja Thomas Hobbes no seu *Leviatã**, onde dedica um capítulo inteiro (o capítulo XXV) aos conselhos e à distinção destes em relação aos comandos[6]. Os argumentos que Hobbes aduz para distinguir o comando do conselho são substancialmente cinco:

1) em relação ao sujeito ativo: aquele que comanda um reveste-se de uma autoridade que lhe dá o *direito* de comandar; aquele que aconselha não pode pretender o *direito* (nós diríamos, mais exatamente, o *poder*) de fazê-lo;
2) em relação ao conteúdo: os comandos impõem-se pela vontade que os emite (isto é, derivam sua força vinculante por serem expressão de uma vontade superior); os conselhos conseguem determinar a ação de outrem em razão de seu conteúdo (isto é, segundo sua maior ou menor *racionalidade*), o que equivale a dizer que o comando é caracterizado pelo princípio *stat pro ratione voluntas* [a vontade está acima da razão], e o conselho pelo princípio oposto (os comandos, enquanto se valem do prestígio de uma vontade superior, podem se dirigir a qualquer um; os conselhos, apenas às pessoas racionais);
3) em relação à pessoa do destinatário: no comando o destinatário é obrigado a segui-lo, no conselho não é obrigado, isto é, é livre para segui-lo ou não; em outras palavras, diz-se que o comportamento previsto pelo comando é *obrigatório*, o previsto pelo conselho é *facultativo*;
4) em relação ao fim: o comando é dado no interesse de quem o comanda; o conselho é dado no interesse *de quem se aconselha*;

---

*. Obra publicada em *Clássicos Edipro*. (N.E.)

6. Na edição italiana de Laterza, v. I, p. 202-9. [Na edição da Edipro (2015), p. 231-8. (N.E.)]

5) em relação às consequências: se da execução de um comando deriva um mal, a responsabilidade é de quem o comanda; se o mesmo mal deriva de ter seguido um conselho, a responsabilidade não é de quem aconselhou, mas somente do aconselhado. Essa distinção faz um contrapeso, por assim dizer, à precedente, porque se é verdade que aquele que comanda realiza, por meio do comando, o próprio interesse, disso resulta que não pode descarregar sobre o outro a responsabilidade de sua própria ruína, uma vez que, de uma certa gratuidade própria do conselho, resulta também a impossibilidade por parte do aconselhado de imputar a responsabilidade de seu insucesso a quem o aconselhou.

Não julgamos que todas essas características diferenciais, listadas por Hobbes, sejam relevantes. Em particular, não cremos que seja relevante a primeira, que diz respeito ao sujeito ativo: no campo do direito, por exemplo, também para dar conselhos (o chamado "poder consultivo") é necessário ter autoridade (isto é, o direito, ou melhor, o poder) para fazê-lo; trata-se de duas autoridades de tipo diferente, e provavelmente de peso diverso, mas não se pode negar que mesmo o poder de aconselhar deva estar investido de uma particular autoridade. Também o quarto argumento, o relativo ao fim, não me parece aceitável: se é verdade que o conselho é dado no interesse do aconselhado, não se afirmou que o comando seja emitido apenas pelo interesse de quem o comanda. Seria realmente ingênuo crer que as leis são emanadas somente no interesse público, assim como seria muito malicioso crer que são emanadas apenas no interesse de quem detenha o sumo poder. Melhores são os outros três argumentos: em relação ao conteúdo, é um fato que uma lei geralmente seja obedecida somente porque é uma lei, independentemente de qualquer consideração pelo seu conteúdo (antes, com a convicção de que se ordenam coisas irracionais), enquanto no seguir um conselho, no momento em que a execução é livre, conta-se não tanto com a autoridade de quem aconselha (no caso do conselheiro, aliás, mais do que autoridade, fala-se em "confiança"), mas com a convicção de que o que foi aconselhado é racional, isto é, conforme os objetivos a que nos propomos atingir.

Quanto ao comportamento da pessoa do destinatário, aqui intervém a diferença indubitavelmente mais importante, e que sozinha bastaria para distinguir o comando do conselho (embora não seja suficiente para distinguir o conselho também da instância): enquanto sou obrigado a seguir um comando, tenho a faculdade de seguir ou não um conselho, o que significa que, no caso em que eu não siga o comando, aquele que o emitiu não se desinteressa pelas consequências que disso derivam; no caso em que eu não siga um conselho, quem aconselhou se desinteressa pelas consequências ("se você não quiser fazer o que eu aconselho, pior para você"; quem fala desse modo não é uma pessoa investida do poder de comandar, mas um conselheiro). Enfim, pode ser acolhido, porém com alguma cautela, também o quinto argumento, com relação às consequências: é verdade que o comando exige mais do indivíduo a quem se dirige, mas o recompensa, eximindo-o da responsabilidade do ato cumprido (existe, em todo ordenamento jurídico, um artigo como o art. 51 do Código Penal italiano, que exclui a punibilidade de uma ação realizada em cumprimento do próprio dever ou por ordem de uma autoridade superior); porém ninguém poderia eximir-se das consequências da própria ação aduzindo como pretexto ter acatado um conselho. Nenhuma autoridade que impõe ordens e, logo, comportamentos obrigatórios, poderia dizer o que em geral pronunciaria um conselheiro a quem se dirige em busca de uma luz: "Esta é a minha opinião, mas não assumo nenhuma responsabilidade pelo que possa suceder a você".

3.11. Os conselhos no direito

Ainda que a teoria do direito não tenha se dedicado muito ao problema da distinção entre comandos e conselhos, essa distinção tem considerável importância em todos os ordenamentos jurídicos. Nem todas as prescrições que encontramos quando estudamos um ordenamento jurídico no seu conjunto são comandos. Basta pensar que em todo ordenamento jurídico, ao lado dos órgãos deliberativos, há os *órgãos consultivos*, que têm justamente a tarefa não de emanar ordens, mas de dar conselhos. Afirma-se que eles "não exercem funções de *vontade*, mas apenas de apreciação técnica: são colocados ao lado dos órgãos ativos para iluminá-los com seus pareceres e conselhos" (Zanobini). Basta pensar, ainda, que na teoria dos atos jurídicos distinguem-se os atos de vontade dos atos de representação e de sentimento, e que enquanto uma ordem é classificada entre os atos de vontade, um conselho ou um parecer é classificado entre os atos de representação, porque não se trata de uma declaração de vontade, mas "o seu objetivo é sempre e unicamente o de aconselhar: é a lei que depois impõe provimentos semelhantes ao modo aconselhado" (Romano). Ora, o que caracteriza os atos dos órgãos consultivos, ou pareceres, em confronto com os comandos ou ordens, é propriamente aquilo que ilustramos no tópico precedente, vale dizer, o fato de que estes têm, assim, a função de guiar ou dirigir o comportamento alheio, mas a sua orientação não é tão eficaz como a dos comandos, e essa menor eficácia revela-se porque a pessoa ou as pessoas a quem são dirigidos não são obrigadas a segui-los, o que em linguagem jurídica exprime-se dizendo que os pareceres não são vinculantes (quando se diz que um parecer é obrigatório, não significa obrigação de segui-lo, mas obrigação de requerê-lo, portanto liberdade para segui-lo ou não). Isso não quer dizer que todos os atos que, em direito, se denominam *pareceres* são conselhos no sentido por nós ilustrado; também chamam-se pareceres aquelas relações sobre determinados provimentos a tomar, cujo fim não é absolutamente o de guiar o comportamento alheio, mas só o de iluminar quem deve tomar uma deliberação, isto é, como se diz comumente, de fornecer os elementos de conhecimento suficientes para que quem deve deliberar o faça com razões conhecidas. Nesse caso, o parecer não tem função diretiva, mas apenas informativa. Desenvolve a função de preparar a via para o comando, de que falamos no tópico 3.4 (ver p. 77).

Visto que o conselho é uma prescrição que tem menor força vinculante que o comando, conclui-se que os órgãos consultivos são órgãos que, em um ordenamento jurídico, são titulares de uma autoridade menor ou secundária em relação aos órgãos com função imperativa. Historicamente tem-se observado que um certo órgão desenvolve-se e adquire maior peso em um ordenamento transformando-se de órgão consultivo em órgão legislativo (as leis são a forma mais perfeita de comandos do Estado), como aconteceu com os parlamentos, que no regime de monarquia absoluta tinham funções meramente consultivas e tornaram-se, no regime de monarquia constitucional, órgãos que participam da função legislativa. Inversamente, um órgão decai e é considerado desautorizado quando, perdida a função imperativa, conserva ainda somente a consultiva, como ocorreu com a Segunda Câmara do Parlamento francês (o antigo Senado), que, segundo a Constituição de 1946, tinha funções meramente consultivas (e de fato não se denomina mais Senado, mas Conselho da República). Que a função consultiva seja característica de órgãos que têm menor prestígio em relação àqueles com função imperativa está claramente demonstrado pelo que ocorre no ordenamento internacional, no qual os organismos internacionais não têm nos confrontos entre Estados (que conservam suas soberanias) o poder de decidir obrigatoriamente, isto é, de emanar seus comandos, mas simplesmente o de endereçar suas *recomendações*. O que na terminologia do direito internacional é recomendação, na terminologia jurídica tradicional e na linguagem comum é conselho, vale dizer, uma proposição cuja força de influenciar o comportamento alheio não atinge a eficácia máxima como a da obrigatoriedade.

Do conselho e da recomendação, que pertencem à mesma *espécie*, distingue-se a *exortação*. É curioso que Hobbes, depois de ter indicado as características do conselho do modo que expusemos, passa a falar da exortação, e a define como um *conselho distorcido*, pelo fato de que é expressa no interesse do exortador (enquanto o conselho é dirigido ao interesse do aconselhado) e é endereçada a uma multidão passiva (enquanto o conselho pressupõe que a pessoa do aconselhado seja um indivíduo que raciocina). Hobbes é liberalíssimo ao chamar de *exortação* o mau conselho, quando é dado, como ele mesmo diz, por conselheiros corrompidos. Mas não cremos que essa seja uma definição conveniente. O que habitualmente se chama de *exortação* não se distingue do conselho com base em um juízo de valor: por acaso, a exortação do pai ao filho para que estude é um conselho desviado de sua função principal? Em minha opinião, o critério de distinção é outro: no conselho tende-se a modificar o comportamento alheio expondo fatos ou razões (poderíamos dizer que o conselho é uma combinação de elementos prescritivos e descritivos), enquanto na exortação tende-se a conseguir o mesmo efeito suscitando sentimentos (poderíamos dizer que a exortação é uma combinação de elementos prescritivos e emotivos). Com palavras da linguagem comum, pode-se dizer que o conselho fala ao intelecto, daí a compassada e rígida frieza do conselheiro (reconhecido em um sábio), e a exortação fala ao coração, daí o calor do tribuno, do retor, da pessoa afeiçoada etc. (O médico aconselha o menino a tomar um certo remédio, a mãe exorta-o a fazê-lo). Ao contrário dos conselhos, as exortações não parecem ter relevância direta em um ordenamento jurídico.

3.12. Comandos e instâncias

Há um outro tipo de proposições que, embora entrem na categoria das prescrições, distinguem-se dos comandos propriamente ditos por uma menor força vinculante. São as chamadas *instâncias*, ou seja, aquelas proposições com as quais nós pretendemos fazer que alguém faça alguma coisa em nosso favor, porém sem vinculá-lo. À espécie das instâncias pertencem as rezas, as súplicas, as invocações, as implorações, os pedidos (no sentido técnico-administrativo da palavra, por exemplo, um pedido para obter o passaporte). Se nós quiséssemos fixar a diferença entre comandos e conselhos de um lado, e comandos e instâncias de outro, não usando além da forma gramatical habitual e mais correta por meio da qual os três tipos de prescrições exprimem-se, poderíamos dizer o seguinte: o comando exprime-se como um *querer* por parte do sujeito ativo e como um *dever* referente ao sujeito passivo; o conselho abstrai-se do "querer" e, referente ao sujeito passivo, exprime-se como um você *deveria*; a *instância* abstrai-se do "dever" e exprime-se por parte do sujeito ativo como um *eu queria*.

Dessa formulação já aparece a diferença substancial da instância em relação ao comando e ao conselho. Em relação ao comando, a diferença fundamental é, como no caso do conselho, a ausência de uma obrigação para a pessoa a quem se dirige a *instância*. Com relação ao conselho, a diferença fundamental está no fato de que o conselho é dado no interesse da pessoa a quem se aconselha; a instância, ao contrário, é expressa no interesse da pessoa que a requisita. No comando, o interesse pode ser tanto daquele que comanda quanto daquele que é comandado, quanto, simultaneamente, de ambos. No conselho, o interesse é sempre do sujeito passivo; na instância, sempre do sujeito ativo. Se digo "Eu aconselho você a não fumar", é sinal de que a sua saúde me importa; se digo "Peço para você não fumar", é sinal que me importo com a minha. Lá, onde se lê "É proibido fumar" (e não se trata mais de um conselho nem de uma instância, mas de um comando), é difícil dizer qual seja o interesse prevalecente: muito provavelmente o interesse do dono do local seja o mesmo dos frequentadores.

Um ordenamento jurídico, assim como reconhece, ao lado dos comandos, os conselhos, reconhece também muitas espécies de instâncias. Trata-se de atos com os quais provoca-se, ou melhor, busca-se provocar uma deliberação a nosso favor; podem-se distinguir os pedidos, as solicitações, as instâncias propriamente ditas, as súplicas etc. Enquanto o poder de dar conselhos é geralmente atribuído aos órgãos públicos, o poder de mover instâncias (poder de petição) é geralmente atribuído aos particulares. E entenda-se: o conselho tem a função de dar um conteúdo à deliberação, a instância tem apenas a de provocá-la. Se concebermos o comando como instituidor de uma relação entre um poder e um dever (um direito e uma obrigação), no conselho falta sobretudo o dever e, na instância, sobretudo o poder. No conselho, o que sobressai em relação ao comando é a ausência da obrigação de segui-lo; na instância, o que sobressai sempre em comparação ao comando é a ausência do direito de obter aquilo que se pede.

Uma última observação: como distinguimos os conselhos das exortações com base na diferença entre apelos a dados de fato, raciocínios, informações e apelos a sentimentos, também assim nas espécies de instâncias pode-se distinguir aquelas que se inspiram em um modelo de tipo informativo e as que se inspiram em um modelo de tipo emotivo: estas últimas são as *invocações* ou *súplicas*. A diferença entre um pedido para se obter uma permissão de caça e um pedido de graça está nos diversos argumentos que são usados: lá, claramente de situações de fato, aqui, argumentos de tipo retórico-persuasivo. A primeira é um composto prescritivo-descritivo, a segunda, um composto prescritivo-emotivo.

Capítulo 4

As prescrições e o direito

4.1. O problema da imperatividade do direito

Que as proposições que compõem um ordenamento jurídico pertençam à esfera da linguagem prescritiva é velha doutrina, conhecida pelo nome de *teoria da imperatividade do direito,* ou das normas jurídicas como *comandos* (ou imperativos). Citemos também, nós, duas passagens de escola: a de Cícero (*De Legibus,* II c., § 8), que diz "*legem esse aeternum quiddam, quod universum mundum regeret, imperandi prohibendique sapientia... aut cogentis aut vetantis... ad iubendum et ad deterrendum idonea*" [A lei é algo de eterno, que rege todas as nações, com sabedoria para ordenar e proibir... capaz de prescrever e dissuadir], e a de Modestino (D.l. 7, *De Legibus,* 1, 3), que diz: "*legis virtus haec est imperare, vetare, permittere, punire*"[A essência da lei é esta: ordenar, vetar, permitir, punir]. Pode-se acrescentar que é também a doutrina mais comum entre os juristas, a que constitui, não obstante a crítica que lhe foi feita, a *comunis opinio.* Ao lado da teoria imperativista, segundo a qual todas as normas jurídicas são imperativos, onde a imperatividade é elevada ao caráter constitutivo do direito, foram sustentadas doutrinas mistas, segundo as quais apenas uma parte das proposições que compõem um ordenamento jurídico são imperativas, e doutrinas negativas, segundo as quais as proposições que compõem um ordenamento jurídico não são imperativas. Examinaremos, neste capítulo, essas diversas teorias e suas diversas formulações, e buscaremos, do exame crítico, tirar as nossas conclusões.

A formulação clássica da doutrina imperativista exclusiva, a que todos os sucessivos seguidores fazem referência, encontra-se formulada na obra do jurista alemão Augusto Thon, *Norma giuridica e diritto soggetivo* (1878),[7] uma das três grandes obras de teoria geral do direito que, no decênio entre 1870 e 1880, assentaram as bases de grande parte das doutrinas sustentadas e das discussões surgidas entre os juristas continentais em torno dos conceitos fundamentais da ciência jurídica. As outras duas são: *Lo scopo del diritto* [O objetivo do direito], de R. Von Ihering (1877) e *Le norme e la loro violazione* [As normas e as suas violações], de K. Binding (os primeiros dois volumes são respectivamente de 1872 e 1877). Desde a primeira parte do livro, Thon (1951, p. 12) expõe claramente seu pensamento com estas palavras:

> por meio do direito, o ordenamento jurídico [...] *tende a dar a todos aqueles que estão sujeitos a suas prescrições um impulso em direção a um determinado comportamento,* consista este comportamento em uma ação ou em uma omissão. Este impulso é exercitado *por meio de preceitos* de conteúdo ora positivo ora negativo.

As palavras que destacamos podem ser consideradas como uma ilustração da definição, outras vezes dada, das proposições prescritivas como proposições que têm por objetivo a modificação do comportamento alheio. A formulação sintética da doutrina lê-se um pouco mais adiante, com estas palavras, usualmente citadas (THON, 1951, p. 16):

> Todo o direito de uma sociedade *não passa de um complexo de imperativos,* os quais estão uns aos outros tão estreitamente ligados, que a desobediência de um constitui frequentemente o pressuposto do que é por outro comandado.

7. Citado da tradução italiana, a cargo de A. Levi (1951).

Ressalta-se que, embora a teoria imperativista caminhe *pari passu* (para a maior parte dos seus partidários), com a teoria estatualista - segundo a qual só constituem normas jurídicas aquelas emanadas pelo Estado - e com a coacionista - segundo a qual a característica das normas jurídicas é a coercibilidade ou a coação -, e, assim, a crise da primeira tenha sido uma manifestação da crise da segunda e da terceira (devido à emergência e à imposição da teoria da pluralidade dos ordenamentos jurídicos), Thon, entretanto, não é estatualista nem coacionista. Por um lado, ele reconhece que possam existir ordenamentos jurídicos diversos dos estatais; por outro, é veemente adversário daqueles que, como Ihering, por exemplo, consideram a coação um elemento indispensável para distinguir a norma jurídica da não jurídica. A teoria imperativista nasce, na moderna teoria geral do direito, livre de compromissos com aquelas outras teorias, como a teoria estatualista e a coativista, o que será depois uma das razões da sua decadência.

Para dar uma ideia do sucesso da teoria imperativista também na Itália, limito-me a citar um jurista e um filósofo do direito que, por terem autoridade reconhecida, podem ser considerados uma válida expressão da difusão da doutrina. Francesco Carnelutti, na sua *Teoria generale del diritto* [Teoria Geral do Direito] (1946, p. 67-8) escreve:

> Com a fórmula da imperatividade deseja-se denotar que o comando é o *elemento indefectível* do ordenamento jurídico ou, em outras palavras, *o simples ou primeiro produto do direito*; já afirmou-se que se o ordenamento fosse um organismo, o comando representaria a célula.

Quanto à definição de "comando", Carnelutti pertence à corrente dos que veem uma relação de interdependência entre comando e sanção (cf. a teoria exposta no tópico 3.6, ver p. 82). Para ele, o comando é "a ameaça de uma sanção a quem pratica uma determinada conduta" (1946, p. 35). Nas *Lezioni di filosofia del diritto* [Lições de Filosofia do Direito], de Giorgio Del Vecchio (1953, p. 230), lemos:

> Importantíssimo e essencial caráter da norma jurídica é a *imperatividade. Não podemos conceber uma norma que não tenha caráter imperativo*, a não ser sob condições determinadas. O comando (positivo ou negativo) é um elemento integrante do conceito de direito, porque este [...] põe sempre

frente a frente dois sujeitos, atribuindo a um uma faculdade ou pretensão, *e impondo ao outro um dever ou uma obrigação* correspondente. *Impor um dever significa precisamente imperar.*

Com base nessa definição, o autor exclui da esfera do direito sejam as "afirmações ou observações de fato" – isto é, o que nós chamamos de proposições descritivas – sejam as formas atenuadas de imposição – como os conselhos e as exortações.

Pode ser interessante observar que, dos três habituais requisitos da norma jurídica – a imperatividade, a estatualidade e a coatividade – enquanto Thon, como vimos, acolhe apenas o primeiro, Del Vecchio acolhe, junto ao primeiro, também o segundo, mas não o terceiro, e Carnelutti acolhe todos os três. Para Del Vecchio, a norma jurídica, além da característica da imperatividade, deve ter também a da estatualidade. Embora possuindo um ponto de partida comum, as três teorias diferenciam-se ao longo do caminho, o que para nós é, mais uma vez, uma prova da complexidade dos problemas e da pluralidade dos pontos de vista e, ao mesmo tempo, um convite a uma certa cautela crítica frente a toda teoria.

4.2. Imperativos positivos e negativos

Os imperativos distinguem-se, como veremos melhor no último capítulo, em imperativos positivos e negativos, ou seja, em comandos de fazer e em comandos de não fazer (estes últimos são chamados habitualmente de "proibições"). Um exemplo dos primeiros: "O usufrutuário deve restituir as coisas que constituem objeto de seu direito, ao término do usufruto [...]" (art. 1.001 do Código Civil italiano); um exemplo dos segundos: "O proprietário *não pode* praticar atos que tenham por objetivo unicamente causar dano ou moléstia aos outros" (art. 833 do Código Civil italiano).

Ainda, partindo da tese de que as normas jurídicas são imperativos, a primeira pergunta que os teóricos do direito se colocam é a seguinte:

o direito compõe-se de imperativos de ambas as espécies? A pergunta, para dizer a verdade, parece um pouco gratuita, porque bastariam os dois exemplos citados anteriormente para responder que em um ordenamento jurídico encontram-se tanto imperativos positivos quanto negativos. No entanto, há quem não só se fez a pergunta, mas a respondeu, sustentando que a característica do direito, em relação à moral, é ser constituído apenas por imperativos negativos. Entende-se que a pergunta adquiria sentido pelo fato de se dirigir não a esta ou àquela norma jurídica em particular, mas ao direito no seu conjunto, ou seja, tratava-se de uma pergunta do tipo: existe um critério geral para distinguir as normas jurídicas das morais? Já vimos alguns desses critérios e encontraremos outros. Pode-se dizer que não há critério de classificação das normas que não tenha sido utilizado para tentar resolver o maior desafio da filosofia do direito, ou seja, a distinção entre direito e moral. Um desses critérios é justamente o que permite distinguir os imperativos em comandos e proibições. Alguns jusnaturalistas, e citamos particularmente Christianus Thomasius – a quem por longa data pretendeu-se atribuir, nada menos, do que a origem da moderna filosofia do direito –, afirmaram, precisamente, que a distinção fundamental entre direito e moral está em: a moral comanda e o direito proíbe, e portanto a característica do direito é, assim, a de ser constituído por imperativos, porém apenas por imperativos negativos. Para Thomasius, o princípio regulador da moral (do *honestum*) era: "*Quod vis ut alii sibi faciant, tute tibi facies*" [O que desejas que os outros a si façam, faze tu mesmo a ti]; do *decorum* (que era o aspecto social da moral): "*Quod vis ut alii faciant, tu ipsis facies*" [O que desejas que os outros façam, faze tu mesmo]; do direito, ao contrário: "*Quod tibi* non vis *fieri, alteri* ne faceris" [Não faças ao outro o que não desejas que façam a ti]. Para ele, isso queria dizer que o direito era, em relação à moral, menos comprometedor, porque enquanto a moral nos obriga a fazer alguma coisa aos outros, daí a máxima "Ama ao próximo como a ti mesmo", o direito nos obriga, simplesmente, a abstermo-nos de fazer o mal, daí a máxima *Neminem laedere* [Não lesar a ninguém]. Thomasius dizia também, para assinalar essa diferença entre a obrigatoriedade positiva da moral e a negativa do direito, que as regras de direito impedem o mal maior (isto é, a guerra) e promovem o bem menor (a paz externa), enquanto as relativas à honestidade impedem o mal menor, porque a sua transgressão só acarreta dano a quem a transgride, mas promovem o bem maior, porque tornam o homem o mais sábio possível. Brevemente, digamos que dessa doutrina poderia-se tirar a conclusão de que a moralidade consiste no preceito de fazer o bem, e o direito, de abster-se de fazer o mal.

Essa distinção de Thomasius é inaceitável. Preceitos positivos e negativos misturam-se na moral e no direito. E Thomasius foi criticado ainda, propriamente devido a essa sua distinção, por Leibniz, que ressaltou que não se poderia, a não ser a custo de diminuir o valor, reduzir o direito à obrigatoriedade negativa. Ao contrário, dizia ele, não fazer mal aos outros só pelo temor de receber o mal não é obra de justiça, mas apenas de prudência. Em defesa de sua tese, Leibniz aduzia substancialmente dois argumentos:

1) os governantes de um Estado são tidos como justos não quando se limitam a não fazer o mal aos seus cidadãos, mas quando se empenham em fazer o bem (Leibniz tinha uma concepção não negativa, mas positiva da função do Estado);
2) nenhum de nós satisfaz-se quando os outros não nos causam dano, mas pretendemos, em caso de necessidade, ser ajudados, e quando nos lamentamos de ser abandonados em nossa miséria, lamentamo-nos com justiça. Do que resulta a justiça ser, para Leibniz, mais do que simplesmente não fazer o mal, fazer que os outros não possam lamentar-se de nós, quando em um caso análogo nos lamentaríamos dos outros.

Como contraprova dessa sua concepção, Leibniz relegava a máxima negativa do *neminem laedere* [não lesar a ninguém] ao primeiro estágio das relações sociais, que ele chamava de *ius proprietatis* [direito do que é próprio]. Era o estágio em que o dever que compete a cada um dos associados é o negativo, de não invadir a propriedade alheia, e atribuía ao estágio superior, que ele chamava de *ius societatis* [direito do social], a máxima positiva do *suum cuique tribuere* [atribuir a cada um o que é seu].

Se desejamos compreender a doutrina de Thomasius, é preciso reconduzir-se à doutrina jusnaturalista da passagem do estado de natureza para o estado civil. O estado de natureza é aquele em que os homens vivem com uma liberdade desenfreada. Para sair do estado de natureza e entrar no civil, os homens deveriam impor restrições à primitiva liberdade. Essas limitações consistiam originariamente em comandos negativos, dos quais o primeiro e fundamental era o de não intervir na esfera de liberdade alheia. Concebendo o surgimento do estado civil como uma limitação recíproca de liberdade, o direito seria naturalmente configurado como um conjunto de obrigações negativas. O ponto frágil dessa doutrina é que a função do direito não é apenas a de tornar possível a coexistência de liberdade externa (e para isso, bastariam, na verdade, as obrigações negativas), mas também a de tornar possível a recíproca cooperação entre os homens que convivem em grupo; e para a realização dessa segunda função, são necessárias também obrigações positivas. Pode-se dizer, concluindo, que a teoria do direito como conjunto de proibições nascia de uma concepção muito restrita da função do direito e do Estado.

4.3. Comandos e imperativos impessoais

Sempre no âmbito da teoria imperativista do direito, houve quem, embora admitindo que se possa falar em imperativos jurídicos, negou que as normas jurídicas, apenas pelo fato de serem imperativos, fossem também comandos. Até agora, a teoria imperativista do direito e a afirmação de que as normas jurídicas são comandos prosseguiram *pari passu*; inclusive até agora foi considerado como *proprium* da teoria imperativista a tese de que as normas jurídicas são comandos. A doutrina que examinamos neste tópico, ao contrário, introduz uma nova distinção entre comandos e imperativos jurídicos, segundo a qual as normas jurídicas pertenceriam à segunda categoria, e não à primeira.

Essa tese foi sustentada pelo jurista sueco Karl Olivecrona em um livro de 1939 intitulado *Law as Fact* [Direito como Fato], e repetida, com uma variação objetivando precisão, em um ensaio posterior, republicado em italiano em 1954 na revista *Jus* (p. 451-68). Olivecrona (1939, p. 35) parte de uma definição restrita de *comando* afirmando que "um comando pressupõe uma pessoa que comanda e uma outra a quem o comando é endereçado". Ora, na lei, segundo ele, falta a pessoa que comanda (tanto que, desejando encontrá-la a todo custo, os juristas personificaram o Estado). Observemos como se emana uma lei em um Estado Constitucional: primeiro uma comissão elabora um projeto, depois o ministro o submete ao parlamento e, finalmente, o parlamento, por simples maioria, o aprova. Qual entre todas essas pessoas pode-se dizer que tenha expressado um comando? A teoria de Olivecrona propõe-se como uma teoria realista do direito, isto é, como uma teoria que busca limpar o terreno de todas as tradicionais ficções que impediram de considerar o fenômeno jurídico na sua concretude, e uma dessas ficções estaria na identificação da lei com o comando, que originou a teoria imperativista do direito.

Exposta a parte crítica, o nosso autor, na parte construtiva, afirma que "mesmo não sendo comandos reais, as normas jurídicas [...] são dadas na forma imperativa", o que significa, para ele, que não são dadas na forma descritiva. Mas isso não significa, mais uma vez, recair nos braços da teoria imperativista? Ele responde que não, sustentando que há proposições imperativas que não são confundíveis com comandos. Quais são? Conservando a definição de comando como imperativo que implica uma relação pessoal, os imperativos que não se confundem com comandos são aqueles que "funcionam *independentemente* de uma pessoa que comanda" (OLIVECRONA, 1939, p. 43). Chama esses imperativos de *independentes*, e a essa categoria consigna as normas jurídicas (e, para dar um outro exemplo, os dez mandamentos). Além disso, os imperativos independentes distinguem-se dos comandos por duas outras razões: porque não se voltam a uma pessoa determinada enquanto não dizem "Você deve fazer isto", mas "Esta ação deve ser realizada"; e porque são redutíveis à forma de asserção, como quando uma norma do tipo "Não se deve roubar" é expressa na forma equivalente: "É um fato que não se deve roubar", ou então, "O nosso (seu) dever é o de não roubar".

Retomando alguns anos depois o mesmo pensamento, Olivecrona, no segundo ensaio citado, insiste na diferença entre comandos e proposições imperativas, considerando os comandos como uma espécie particular de imperativos, e como a espécie em que não se podem incluir as normas jurídicas, as quais, mais uma vez, são caracterizadas em relação aos comandos propriamente ditos, sobretudo pela ausência de um sujeito ativo determinado, e são chamadas, com um nome mais apropriado, não mais de imperativos independentes, mas de *imperativos impessoais*. Reproduzo aqui a passagem decisiva:

> Por um lado está consolidado que a lei tem caráter imperativo; e por outro, que não contém comandos em sentido próprio. Como consequência, a lei pertence à categoria que aqui definimos como imperativo impessoal. (OLIVECRONA, 1954, p. 460).

A teoria de Olivecrona é uma das tantas tentativas que foram feitas, no domínio da teoria geral do direito, de encontrar o traço característico da norma jurídica em relação aos outros tipos de normas prescindindo da consideração de fim ou de conteúdo, ou seja, em um elemento formal. As doutrinas mais comuns são aquelas que, para encontrar esse traço característico em um elemento formal, fundaram-se ora na pluralidade dos destinatários da norma, distinguindo as normas jurídicas como imperativos gerais (isto é, voltados a uma generalidade de pessoas) dos imperativos individuais, ora na tipicidade da ação ordenada, distinguindo as normas jurídicas como imperativos abstratos (isto é, reguladoras de uma ação-tipo) dos imperativos concretos. A novidade da doutrina de Olivecrona está no fato de que, embora não tendo abandonado a via formal, buscou caracterizar a norma jurídica não mais no sujeito passivo ou na ação-objeto, mas no sujeito ativo.

Consideramos que também a teoria de Olivecrona, como toda tentativa precedente de encontrar o traço característico das normas jurídicas em um elemento formal, esteja fadada ao insucesso. E isso por duas razões:

1) o ordenamento jurídico é um conjunto complexo de regras e, como tal, é composto de regras de diversos tipos: toda teoria reducionista, que julga poder identificar a norma jurídica com um só tipo de

imperativos, é unilateral e está destinada a empobrecer arbitrariamente a riqueza da experiência jurídica;

2) quando também se consegue fixar um tipo de imperativo que, se não exclusivo, ao menos possa ser considerado como prevalecente no direito, é bem difícil que esse tipo de imperativo não se encontre em outras esferas normativas diversas da jurídica.

Penso que esses dois argumentos podem ser aplicados à doutrina dos imperativos impessoais: por um lado, parece muito difícil demonstrar que todos os imperativos jurídicos são impessoais, e bastaria citar a sentença de um pretor (que é certamente um imperativo jurídico, embora refira-se a uma pessoa determinada) ou a ordem de um prefeito, se propriamente não se deseja recorrer ao caso limite de uma ordem imposta por um rei absolutista ou déspota; por outro lado, embora admitido que todos os imperativos jurídicos são impessoais, não se pode negar que imperativos impessoais existam em outros sistemas normativos, e bastaria recordar os Dez Mandamentos, citados inclusive pelo próprio Olivecrona, e as denominadas "normas sociais", em que a impessoalidade é ainda mais evidente do que nas leis emanadas de um parlamento.

4.4. O direito como norma técnica

Podemos ainda considerar como um outro exemplo de teoria imperativista exclusiva, mesmo se sob o signo de uma particular acepção de "imperativos", a doutrina de Adolfo Ravà, segundo a qual o direito é um conjunto de imperativos, mas de imperativos da espécie que Kant (tópico 3.9, ver p. 92) chamava de "normas técnicas". Ravà sustentou essa tese, muito conhecida na ciência jurídica italiana, em um opúsculo de 1911, intitulado precisamente *Il diritto come norma tecnica* [O Direito como Norma Técnica], depois republicado no volume *Diritto e Stato nella morale idealistica* [Direito e Estado na Moral Idealista] (1950).

Tomando como ponto de partida a distinção kantiana entre imperativos categóricos e imperativos hipotéticos, Ravà sustenta que as normas jurídicas pertencem aos segundos, e não aos primeiros, em outras palavras, que o esquema da norma jurídica não é do tipo "Você deve *X*", mas do tipo, "Se você quiser *Y*, deve *X*". Os argumentos adotados por Ravà para sustentar a sua tese são principalmente três:

1) as normas jurídicas atribuem não só obrigações, mas também direitos subjetivos; agora, quer se entenda por "direito subjetivo" uma *faculdade* juridicamente protegida de fazer ou não fazer, quer se entenda uma *pretensão* a se obter o adimplemento de uma obrigação por outros, a figura do direito subjetivo é incompatível com uma norma ética; de fato, a norma ética, que impõe categoricamente uma ação como boa em si mesma, estabelece apenas obrigações (não importa se positivas ou negativas), mas não faculdades ("um lícito moral – diz Ravà (1950, p. 26) – é tão absurdo quanto um lícito lógico"). E, em segundo lugar, quando eu estou determinado a agir apenas pela pretensão dos demais, significa que a ação obrigatória não é boa em si mesma e não foi, portanto, colocada por uma norma categórica ("se verdadeiramente a norma jurídica ordenasse ações boas em si mesmas – assim se exprime Ravà (1950, p. 27) a esse propósito –, como seria admissível depois deixar para uma outra pessoa decidir se elas são obrigatórias ou não?");
2) o direito é coercitivo: uma conduta em que é lícito impor com a força não pode ser boa em si mesma, porque quando um comando é acompanhado de uma sanção eu posso sempre escolher desobedecer ao comando e submeter-me a pena, como se a norma fosse assim formulada: "Se você não deseja ser punido, deve cumprir a ação prescrita"; enquanto quando a ação é boa em si mesma, uma escolha desse gênero é impossível ("Se a norma jurídica – assim se lê no livro de Ravà (1950, p. 29) – ordena em certos casos o uso da força, isso só pode ser um meio em direção a um fim, ou seja, entra no conceito de utilidade, e não de moral, de técnica, e não de ética");
3) em todo ordenamento jurídico, há muitas normas, como aquelas que estabelecem os prazos, as quais ordenam manifestamente meios

para atingir um fim, e não uma ação boa em si mesma, e exatamente por esse caráter técnico, constituem aquele aspecto de elaboração de um ordenamento denominado *tecnicismo jurídico*. "O caráter instrumental dos prazos é tão evidente que só uma observação muito superficial pode tê-lo deixado escapar" (RAVÀ, 1950, p. 31).

Desses argumentos, Ravà tira a conclusão de que as normas jurídicas não impõem ações boas em si mesmas e portanto categóricas, mas ações que são boas para atingir certos fins, e logo hipotéticas. Qual é o fim a que as normas jurídicas tendem? Pode-se responder, em linhas gerais, que esse fim é a *conservação da sociedade*, daí a seguinte definição: "O direito é um conjunto de normas que prescrevem a conduta que é necessário ser adotada pelos componentes da sociedade a fim de que a própria sociedade possa existir" (RAVÀ, 1950, p. 36). Posto esse fim, toda norma jurídica pode ser convertida na seguinte fórmula de imperativo hipotético: "Se você quer viver em sociedade, deve se comportar do modo que é condição do viver social".

Creio que, para tornar plausível a doutrina de Ravà, é preciso distinguir dois planos diversos sob os quais ela se coloca:

1) o plano do ordenamento jurídico no seu complexo, enquanto distinto de um ordenamento moral;
2) o plano das normas singulares que compõem um ordenamento jurídico.

No que se refere ao primeiro plano, a doutrina de Ravà significa que o ordenamento jurídico no seu complexo é um instrumento para atingir um certo objetivo (a paz social). Esse modo de considerar o direito é semelhante ao proposto por Kelsen quando ele define o direito como uma *técnica de organização social*. Se o direito no seu complexo é uma técnica, pode-se bem dizer que as normas que o compõem são normas técnicas, isto é, normas que estabelecem ações não boas em si mesmas, mas boas para atingir aquele determinado fim a que todo o direito é endereçado. Porém, aqui é lícita uma objeção: se o direito em seu complexo é um ordenamento normativo técnico, não se distingue mais de modo algum de ordenamentos normativos como o do jogo e o das regras sociais. Para todos esses ordenamentos, pode-se dizer, como para o ordenamento jurídico, que são ordenamentos normativos instrumentais. Resta observar se não é possível introduzir uma ulterior especificação, tendo presente a distinção, feita por Kant, entre regras instrumentais de um fim real (ou normas pragmáticas) e regras instrumentais de um fim possível (ou normas técnicas em sentido estrito) (tópico 3.9, ver p. 92). Parece agora que se pode dizer que o fim do direito, posto em confronto com o fim do regulamento de um jogo, é um fim real, isto é, um fim do qual eu não posso subtrair-me e em que a atuação não é livre, mas obrigatória, do que resultaria que o ordenamento jurídico no seu complexo não é composto por normas técnicas em sentido estrito, mas sobretudo por normas pragmáticas, o que importaria na modificação da fórmula proposta por Ravà, a qual não seria mais "Se você quer viver em sociedade, deve se comportar do modo que as normas jurídicas prescrevem", mas, segundo a fórmula das normas pragmáticas por nós proposta: "Dado que você deve viver em sociedade, deve se comportar do modo que as normas jurídicas prescrevem".

Quanto ao segundo plano, o das normas jurídicas singularmente tomadas, sustentar que elas são normas técnicas significa outra coisa. Não significa mais que elas objetivam atingir um certo fim (a paz social), mas que elas deixam aberta uma alternativa entre seguir o preceito e não atingir o objetivo a que é voltado aquele particular preceito – e que pode ser praticar um ato, contrair matrimônio, transmitir os próprios bens a outros, e assim por diante – ou então entre seguir o preceito e ir de encontro a um objetivo que não se desejava atingir – como, por exemplo, uma reparação, um ressarcimento de danos, uma multa, uma pena detentiva. Em outras palavras, quando se faz referência às normas singulares, dizer que elas são técnicas, isto é, instrumentais, não significa nada além disto: toda norma jurídica é caracterizada pelo fato de que à sua transgressão segue uma consequência desagradável, o que se denomina comumente *sanção*. Aqui, teoria do direito como norma técnica e teoria da sanção como caráter constitutivo do direito vêm a se conjugar. Já vimos que uma norma sancionada pode ser convertida na proposição alternativa "Ou você faz *X* ou lhe sucederá *Y*", mas uma proposição alternativa é sempre reduzível a uma proposição hipotética negando a primeira parte da alternativa – "Se você não fizer *X*, suceder-lhe-á *Y*" –, o que implica que uma norma sancionada é sempre reduzível a uma norma técnica, na qual a ação prevista como meio é regulada pela norma primária, e a ação posta como fim é regulada pela norma secundária.

Deve-se acrescentar que há duas formulações típicas das normas jurídicas como normas técnicas segundo os dois diversos modos típicos por meio dos quais o legislador, em todo ordenamento jurídico, faz operar a sanção. Se nós definirmos a sanção como uma consequência desagradável imputada pelo legislador a todo aquele que transgride a norma primária, o objetivo de atribuir uma consequência desagradável ao trangressor pode ser atingido de dois modos: 1) fazendo de modo que, violando a norma, *não se alcance o fim a que se propunha*; 2) fazendo de modo que, violando a norma, *se alcance um fim oposto àquele a que se propunha*. Exemplos do primeiro modo são as normas mais propriamente chamadas de *técnicas*, isto é, aquelas que estabelecem a modalidade para o cumprimento de um ato juridicamente válido (como grande parte das normas sobre contratos e testamentos). Em todos esses casos, se não sigo a modalidade prescrita, não atinjo o fim de realizar um ato juridicamente válido, e a sanção consiste precisamente no desaparecimento do fim. Exemplos do segundo modo são as normas cuja transgressão implica a atribuição de uma pena ao transgressor: neste caso, a transgressão (por exemplo, a prática de um delito, como o furto) leva-me a atingir um objetivo diverso daquele a que me propunha (ao invés de um grande lucro, a reclusão). Em ambos os casos, o destinatário da norma é posto diante de uma alternativa. No primeiro caso "Ou você faz *X*, ou não obterá *Y*", onde *Y* é o fim desejado. Enquanto redutíveis a proposições alternativas, ambos os tipos de normas são redutíveis a proposições hipotéticas com estas duas diversas formulações: "Se você não fizer *X*, *não obterá Y*"; "Se você não fizer *X*, *obterá Y*". Essas proposições hipotéticas são redutíveis, por sua vez, a normas técnicas, cuja formulação é, para o primeiro tipo, "*Se você quer Y*, deve *X*", para o segundo modo, "*Se você não quer Y*, deve *X*".

4.5. Os destinatários da norma jurídica

Partindo da teoria imperativista do direito, vimos que no âmbito dos defensores da teoria exclusiva, segundo os quais todas as normas jurídicas são imperativos, foram propostas distinções ou especificações com as quais procurou-se individualizar, no gênero dos imperativos, alguns tipos específicos de imperativos que foram considerados mais idôneos para caracterizar a forma particular dos imperativos jurídicos. Essa especificação foi buscada ora na distinção entre imperativos positivos e negativos, ora entre imperativos pessoais e impessoais, ou ainda entre imperativos categóricos e hipotéticos, com referência aos diversos tipos de ação regulada (no primeiro caso ação positiva ou negativa, no terceiro, incondicionada ou condicionada) ou então ao sujeito ativo (no segundo caso). Resta dizer algumas palavras sobre a controvérsia, nascida no seio da teoria imperativista, relativa ao sujeito passivo, conhecida como a "controvérsia sobre os destinatários da norma jurídica".

Se a norma jurídica é um imperativo, e por "imperativo" entende-se uma proposição cuja função é a de determinar o comportamento alheio, não há dúvida de que a norma jurídica dirige-se a alguém. Mas a quem? Pode-se tirar da indicação dos destinatários um elemento determinante da norma jurídica? A disputa sobre os destinatários é velha, e também um pouco gasta, entre os juristas. Quem desejasse ter uma ideia das principais teorias sustentadas quando essa disputa era viva recorria ao livro de G. Battaglini, *Le norme del diritto penale e i loro destinatari* [As normas de Direito Penal e seus destinatários] (1910). Por mais que hoje a discussão sobre os destinatários esteja um tanto exaurida, não me sentiria inclinado à solução negativa de Romano (1947, p. 137 ss.), segundo a qual o ordenamento jurídico não tem destinatários, e portanto o antigo problema dos destinatários permaneceu sem solução, pelo simples fato de que não existe: o equívoco, segundo Romano, consiste em ter configurado como destinatários aqueles para quem a lei produz, direta ou indiretamente, as consequências, enquanto para uma lei produzir efeitos jurídicos a certas pessoas não é absolutamente necessário que a elas se dirija. Mas a alguém a norma deve se dirigir, para que seja uma norma, um imperativo, isto é, uma proposição cujo efeito é a modificação do comportamento alheio. Como seria possível imaginar uma norma sem sujeito passivo, se podemos falar em norma apenas quando nos referimos a uma proposição voltada para determinar o comportamento alheio? O problema não é *se* a norma jurídica tem destinatários, mas *quem* seriam eles.

O problema dos destinatários, não digo que nasceu, mas certamente se tornou agudo quando um jurista da autoridade de Ihering, em polêmica com o que havia afirmado Binding poucos anos antes, sustenta que os destinatários das normas jurídicas não são os cidadãos, mas *os órgãos jurídicos encarregados de exercitar o poder coativo*. Ihering partia de uma rígida doutrina estatualista e coacionista do direito, com base na qual definia o direito como "o complexo das normas coativas válidas em um Estado".[8] Disso concluía que as normas jurídicas propriamente ditas, isto é, as que constituíam um ordenamento normativo fundado na coação, eram aquelas dirigidas aos órgãos judiciários, e em geral a todos os órgãos do Estado encarregados de fazer valer a força, cuja atuação é o único elemento que distingue um ordenamento jurídico de um não jurídico. O que distinguia, segundo Ihering, uma norma jurídica não era sua eficácia externa por parte do povo, mas sua eficácia interna por parte do Estado; todas as proposições normativas emitidas pelo Estado, mas não reforçadas pela sanção, não eram, para ele, normas jurídicas. E assim, o que fazia transformar em jurídica uma proposição normativa era o fato de os juízes disporem do poder e do dever de fazê-la respeitar. Os exemplos de normas que podem melhor servir para esclarecer a tese de Ihering são aquelas extraídas da legislação penal, como por exemplo o art. 575 do Código Penal italiano: "Quem ocasionar a morte de um homem é punido com reclusão não inferior a vinte e um anos". É manifestamente voltada não aos cidadãos, mas aos juízes, tanto que de Bilding em diante, costuma-se dizer que o ato ilícito não é o ato contrário à lei penal, mas o oposto, é aquele

8. *Der Zweck im Recht*, 2. ed., 1884, v. I, p. 320. A teoria dos destinatários encontra-se nas p. 336 ss. Dessa obra existe também uma tradução italiana: *Lo scopo del diritto* [O objetivo do Direito], sob os cuidados de M. Losano (Turim: Einaudi, 1972).

que realiza o tipo previsto. O art. 575 citado institui não mais uma obrigação de não matar, mas pura e simplesmente uma obrigação de punir, e tal obrigação obviamente dirige-se não aos cidadãos, mas aos juízes.

A tese de Ihering foi sustentada intermitentemente sobretudo pelos autores que acentuavam o elemento da coação como elemento constitutivo do direito. Basta-nos recordar o mais renomado filósofo do direito de sua época, Kelsen, que afrontando o problema da distinção entre a norma primária, dirigida aos súditos – como por exemplo, "Não se deve roubar" –, e a norma secundária, dirigida aos órgãos do Estado – como por exemplo, "Quem rouba deverá ser punido com reclusão" –, sustenta que a norma primária, isto é, aquela que institui um ordenamento como ordenamento, é a norma que habitualmente é chamada de secundária, e se expressa assim:

> A norma que determina a conduta que evita a coação (conduta que o ordenamento jurídico tem como fim) tem o significado de norma jurídica apenas quando se pressupõe que com ela deve se expressar de forma abreviada por comodidade de exposição, o que só a proposição jurídica enuncia de modo correto e completo, isto é, que na condição de conduta contrária deve seguir-se um ato coativo como consequência. *Esta é a norma jurídica em sua forma primária.* A norma que ordena o comportamento que evita a sanção pode valer quando muito *como norma jurídica secundária.* (KELSEN, 1952b, p. 46)

Em meados do século XX, Allorio (1955, p. 279) rebateu energicamente, ao menos em relação ao ordenamento estatal (embora Allorio não julgue que o ordenamento estatal seja o único ordenamento jurídico possível), o conceito de que os destinatários sejam apenas os órgãos do Estado. Pelo contrário, faz dessa característica o critério distintivo dos ordenamentos paritários e dos ordenamentos autoritários, escrevendo

> poder reconhecer (no ordenamento estatal) a existência de uma definida caracterização [...] do conteúdo de todas as normas jurídicas, no sentido em que, no âmbito de tais ordenamentos, qualquer norma que não seja dirigida aos órgãos do Estado não encontra cidadania.

A quem lhe objeta que as normas são duas, aquelas que impõem aos súditos um certo comportamento e as que impõem aos órgãos do Estado intervir no caso em que o comportamento não seja efetuado, ele responde que restaria sempre ainda por explicar "porque o dever do particular não poderia nunca existir por si só".

A última frase de Allorio expressa o núcleo de verdade da teoria que, no ordenamento jurídico tomado como ordenamento coativo, considera como norma jurídica apenas aquelas voltadas aos órgãos encarregados de fazer valer o poder coativo. Esse núcleo de verdade pode ser resumido assim: posto o ordenamento jurídico como ordenamento coativo, ele pode consistir exclusivamente em normas voltadas aos órgãos do Estado; em outras palavras, pode-se muito bem imaginar um ordenamento jurídico em que não haja outras normas além daquelas que se costuma chamar de secundárias, o que significa que as normas voltadas aos súditos, ou seja, as normas primárias, não são necessárias. Por outro lado, um ordenamento constituído apenas por normas primárias não poderia ser considerado um ordenamento jurídico se por ordenamento jurídico entende-se um ordenamento com a eficácia reforçada por meio da sanção que implica o cumprimento das normas dirigidas aos juízes.

Que nessa afirmação haja um núcleo de verdade não significa que a tese de Ihering seja aceitável sem reservas. Julgo que à doutrina dos órgãos estatais como únicos destinatários possam ser feitas algumas objeções:

1) é possível um ordenamento jurídico composto de normas voltadas apenas aos órgãos judiciais, mas de fato, mesmo os ordenamentos jurídicos estatais compreendem normas voltadas tanto aos juízes quanto aos cidadãos. Se deixarmos de lado por um momento as leis penais (que, como diz a própria palavra, são leis que cominam penas) e lançarmos o olhar aos artigos do Código Civil, não faremos muito esforço para topar com normas voltadas aos cidadãos, isto é, normas primárias que estabelecem não um tipo de sanção, mas um tipo de comportamento, cuja violação implica (mas não necessariamente) uma sanção;
2) dizer que essas normas existem, mas que não são normas jurídicas, significa sustentar que a juridicidade de uma norma depende do

fato do comportamento contrário do previsto implicar as consequências atribuídas pela norma secundária, enquanto nós julgamos que a juridicidade de uma norma singular (como veremos melhor no capítulo seguinte) identifica-se com a sua validade, isto é, depende exclusivamente do fato de pertencer a um ordenamento jurídico, o que importa simplesmente ter sido ela criada por quem, no sistema, tinha o poder de produzir normas jurídicas, e não há dúvida de que as normas primárias possam gozar, do mesmo modo que as secundárias, dessa característica;

3) as normas secundárias não são normas últimas, porque são frequentemente seguidas de normas que chamaremos de terciárias, isto é, de normas que atribuem uma sanção à transgressão da norma secundária. Se respondêssemos que nesse caso a norma jurídica fosse a terciária e não mais a secundária (na função de primária), arriscaríamos ter de retomar sempre mais atrás, e acabaríamos obrigados a sustentar que a única norma jurídica do sistema seria a norma fundamental; tanto vale, então, começar a reconhecer como jurídicas as primeiras normas com as quais cruzamos e que são as normas primárias. Se de fato sustentarmos que as normas primárias não são jurídicas porque se limitam a fixar o pressuposto para a entrada em vigor de uma outra norma, é provável que seremos obrigados a não parar nas normas secundárias, e a concluir que a única norma jurídica seria a norma fundamental, porque a sua transgressão não reenvia a nenhuma outra norma do sistema;

4) se é verdade que o ordenamento jurídico é um ordenamento normativo com eficácia reforçada (como veremos no capítulo seguinte), isso não exclui que ele conte também com a eficácia simples, vale dizer, com a adesão às normas voltadas aos cidadãos, e que portanto, aquelas normas que por serem voltadas aos cidadãos são ditas primárias tenham a sua razão de ser no sistema, e, na realidade, todo sistema jurídico, mesmo que não as apresente explicitamente (como num Código Penal), pressupõe-nas e conta com a sua eficácia.

4.6. Imperativos e permissões

Até aqui, examinamos as teorias exclusivas. Teorias mistas são aquelas que admitem que em todo ordenamento jurídico existem os imperativos, mas negam que todas as proposições que compõem um sistema jurídico são imperativos ou redutíveis a imperativos. A mais velha das teorias mistas é aquela que considera, ao lado das normas imperativas, as chamadas *normas permissivas*, ou então, ao lado das normas que impõem *deveres*, as normas que atribuem *faculdades* (ou permissões).

Observamos antes de mais nada que, assim como houve quem, frente à distinção entre imperativos positivos e negativos, acreditou poder afirmar que as normas jurídicas são todas imperativos negativos, também, frente a essa nova distinção capital entre normas imperativas e permissivas, houve quem sustentou que a essência do direito é o *permitir*, e não mais o *comandar*, e que nessa propriedade está a diferença entre o direito e a moral. Trata-se da conhecida tese de Fichte, que no seu tratado de direito natural de inspiração kantiana (*Lineamenti di diritto naturale* [Lineamentos do Direito Natural], 1796) abordou a diferença entre direito e moral nos seguintes termos: a lei moral *comanda* categoricamente aquilo que se deve fazer, a lei jurídica *permite* aquilo que se pode fazer. De um lado, a lei moral não se limita a fazer que se cumpra aquilo que ela deseja, mas o impõe; de outro, a lei jurídica nunca ordena que se exercite um direito. Essa tese de Fichte pode ser considerada uma teoria exclusiva no sentido oposto à teoria exclusiva imperativista: enquanto esta afirma que todas as normas jurídicas são imperativos, aquela afirma que nenhuma norma jurídica é um imperativo. É uma espécie de exacerbação da teoria mista que coloca ao lado das normas imperativas também as permissivas, e, como todas as teorias extremas, não é sustentável. Basta observar que a atribuição de um direito (subjetivo) e a imposição de um dever são momentos correlativos do mesmo processo: uma norma que impõe um dever a uma pessoa atribui ao mesmo tempo a outra pessoa o direito de exigir o cumprimento, assim como uma norma que atribui um direito impõe ao mesmo tempo aos outros o dever de respeitar o livre exercício ou de permitir-lhe a execução. Em outras palavras, direito e dever são as duas faces da relação jurídica, uma não pode existir sem a outra. Dizer que o direito permite, e não comanda, significa observar o fenômeno jurídico de um só ponto de vista, e, logo, não se dar conta de que o direito *permite apenas quando, ao mesmo tempo, comanda.*

Prescindindo da teoria permissiva exclusiva, acreditamos que também a teoria permissiva parcial, isto é, a que critica a teoria da imperatividade apoiando-se na presença das normas permissivas (e aqui entendemos por "normas permissivas" em sentido estrito aquelas que atribuem faculdades, isto é, determinam as esferas de licitude junto às esferas do comando e da proibição) não adquire sentido.

Não temos nada a objetar sobre o fato de que em todo ordenamento jurídico há normas permissivas ao lado das imperativas. Basta abrir um Código para confirmá-lo: "Tornada exequível a sentença que declara a morte presumida, o cônjuge *pode contrair novo matrimônio*" (art. 65 do Código Civil italiano); "*Pode-se eleger domicílio* especial para determinados atos ou negócios" (art. 47 do Código Civil italiano). A pergunta que nos colocamos é outra: a presença de normas permissivas pode ser considerada um argumento contra a imperatividade do direito? O problema desloca-se da mera constatação da existência de normas permissivas para sua função. Agora, a função das normas permissivas é a de eliminar um imperativo em determinadas circunstâncias ou com referência a determinadas pessoas, e, portanto, *as normas permissivas pressupõem as normas imperativas.* Se não se partisse do pressuposto da imperatividade, não haveria necessidade, em determinadas circunstâncias e em relação a determinadas pessoas, de eliminar um imperativo, isto é, de permitir. Quando não se pressupõe um sistema normativo imperativo, as ações permitidas são aquelas que não reclamam nenhuma norma para serem reconhecidas, no momento em que vale o postulado: "tudo aquilo que não é proibido ou comandado é permitido". Onde intervêm normas permissivas, é sinal de que existe um sistema normativo imperativo que tolera, em determinados casos, exceções e, portanto, o postulado de que se parte é o oposto do precedente, ou seja: "Tudo é proibido ou comandado, exceto o que é expressamente permitido". Se nos referirmos aos exemplos citados anteriormente, será fácil constatar que a norma permissiva do art. 65 tem razão de ser, enquanto a regra normativa pressuposta é a proibição de contrair um segundo matrimônio desde que um dos cônjuges esteja vivo; assim também a norma permissiva do art. 47 pressupõe a proibição geral de haver vários domicílios.

Objetivando agora introduzir algumas ulteriores distinções, façamos ainda duas observações. Antes de mais nada, podem-se distinguir as normas permissivas com base no fato de que eliminamos um *imperativo precedente* no tempo, e nesse caso funcionam como *normas ab-rogantes,* ou então um *imperativo contemporâneo*, e nesse caso funcionam como *normas derrogantes*. Um exemplo de norma permissiva ab-rogante: "As pessoas a quem foi imposto ou que obtiveram a alteração do sobrenome, com base nos artigos 2º, 3º e 4º da Lei nº 1.055, de 13 de julho de 1939, *podem reobter o sobrenome que possuíam anteriormente*" (Decreto-Lei italiano de 19 de outubro de 1944, art. 2º). Um exemplo de norma permissiva derrogatória: "Não pode contrair matrimônio a mulher, senão depois de passados trezentos dias" etc. (essa é a parte imperativa da norma). "A *proibição cessa* no dia em que a mulher deu à luz" (essa é a parte permissiva que derroga a proibição em uma determinada circunstância) (art. 89 do Código Civil italiano).

Em segundo lugar, as normas permissivas podem ser distintas, assim como as imperativas, em *positivas* e *negativas*: as primeiras são aquelas que permitem fazer, as segundas, as que permitem não fazer. Como veremos melhor no último capítulo, dedicado sobretudo à classificação das normas, as normas permissivas positivas são *aquelas que negam um imperativo negativo* (ou proibição); as normas permissivas negativas são aquelas que *negam um imperativo positivo* (ou comando). As ações previstas pelas primeiras chamam-se mais estritamente *permitidas*; as ações previstas pelas segundas chamam-se mais propriamente *facultativas*. Que a caça em certa zona seja permitida significa que não é proibida, que uma matéria do *curriculum* dos estudos seja facultativa significa que não é obrigatória. Exemplo de norma permissiva positiva: "Se o marido transferiu o seu domicílio ao exterior, a mulher pode estabelecer no território do Estado o próprio domicílio" (art. 45 do Código Civil italiano[9]). Essa norma atribui

9. Artigo alterado pela reforma do Direito de Família de 1975.

uma permissão de fazer como exclusão de uma obrigação de não fazer. Exemplo de norma permissiva negativa: "Salvo quando é disposto por hipoteca legal, o marido não está obrigado a prestar caução pelo dote que recebe, se não foi obrigado no ato da constituição do dote." (art. 186 do Código Civil italiano[10]). Essa norma atribui uma permissão de não fazer como exclusão de uma obrigação de fazer.

4.7. Relação entre imperativos e permissões

Vimos, no tópico precedente, que as normas permissivas são necessárias onde está pressuposto um sistema de imperativos que apresentam, em determinadas circunstâncias ou por determinadas pessoas, uma ab-rogação ou uma derrogação. Agora acrescentamos que, onde não é pressuposto um sistema de imperativos, a situação de permissão resulta da *ausência de normas*, no sentido em que é considerado permitido ou lícito tudo aquilo que não é proibido nem comandado. Imperativos e permissões estão entre si em relação de negação recíproca: as normas imperativas limitam a situação originária de licitude de fato ou natural; as normas permissivas limitam, por sua vez, as situações de obrigatoriedade produzidas por normas imperativas ou negativas. Pode-se descrever a evolução de um sistema normativo do seguinte modo.

Partamos da hipótese (hipótese, entenda-se, de todo abstrata) de uma condição humana em que não haja ainda um sistema normativo. Essa situação pode ser definida com a fórmula *tudo é lícito,* e representada simbolicamente assim:

1.	*Esfera do lícito*

Esta hipótese é aquela do *estado de natureza* no significado hobbesiano, ou então de um Estado em que não existem leis civis, e portanto não existem deveres, mas apenas direitos, e todo indivíduo tem por sua conta

10. Artigo alterado pela reforma do Direito de Família de 1975.

um direito sobre toda coisa (*ius in omnia*). A passagem do estado de natureza para o estado civil advém por meio da limitação da esfera primitiva de licitude natural (caracterizada pela ausência de normas imperativas), e essa limitação é o efeito da criação, por parte do sumo poder, de normas imperativas, primeiro negativas e depois positivas (segundo a progressão examinada no tópico 4.1, ver p. 105). A situação que se vem a criar pode ser representada simbolicamente assim:

2.	*Esfera do proibido*	*Esfera do lícito*	*Esfera do comandado*

Imaginando que a esfera do proibido e a do comandado estendam-se em detrimento da esfera do lícito, podemos apresentar a hipótese (também esta de todo abstrata) de uma situação em que a esfera do lícito venha completamente a desaparecer, dando lugar àquela situação limite em que todo comportamento seja proibido ou comandado e nenhum seja lícito, e que pode ser representada do seguinte modo:

3.	*Tudo é obrigatório*

Esta hipótese é a do *Estado totalitário*, ou seja, o Estado em que todo ato do cidadão é regulado por normas imperativas. A hipótese do Estado totalitário é diametralmente oposta à do estado de natureza: uma representa o ideal do Estado completamente realizado, que suprimiu toda liberdade natural; a outra representa a hipótese da anarquia, isto é, da total ausência do Estado. É inútil repetir que a realidade histórica não conhece situações correspondentes nem a uma nem a outra hipótese. Assim como não é possível um Estado que seja tão onipotente e invasor a ponto de regular todo comportamento dos cidadãos, também não é possível uma condição humana em que não haja um núcleo de normas imperativas que delimitem a esfera de liberdade de cada um. A realidade histórica conhece apenas situações em que a esfera do lícito convive com a do obrigatório e, no caso, as diversas situações diferenciam-se segundo a diversa extensão das duas esferas. Chamamos de Estado liberal aquele que deixa a máxima extensão à esfera da licitude em confronto com a da imperatividade, e de Estado não liberal aquele em que a esfera da imperatividade estende-se em detrimento da referente à licitude.

Partimos da hipótese do estado de natureza e chegamos, por meio de sucessivas limitações operadas por normas imperativas, à hipótese oposta, a do Estado totalitário. Mas dado que em termos de hipótese abstrata a escolha do ponto de partida é indiferente, podemos configurar o caminho inverso. Podemos assim considerar como hipótese inicial aquela de uma sociedade em que tudo seja imperativamente regulado:

4.	*Tudo é obrigatório*

Com a introdução sucessiva de normas permissivas que ab-rogam e derrogam, as normas imperativas passam a formar uma esfera de licitude compreendida entre as obrigações positivas e as obrigações negativas, dando origem à seguinte figura:

5.	*Esfera do proibido*	*Esfera do lícito*	*Esfera do comandado*

Esta figura difere da segunda pelo fato de que a esfera do lícito é representada pelo lícito natural, isto é, pelo que é lícito devido à ausência de norma; aqui, ao contrário, a esfera do lícito é o resultado de uma limitação dos imperativos introduzida por normas permissivas. As duas situações diversas, representadas pelas figuras (2) e (5), podem ser formuladas do seguinte modo, a primeira: *Tudo é permitido exceto o que é proibido* (ou comandado); a segunda: *Tudo é proibido* (ou comandado) *exceto o que é permitido.*

Tenhamos presente essas duas fórmulas. Elas foram tomadas para designar dois tipos de Estado, ambos correspondentes a situações históricas e portanto distantes dos dois extremos da anarquia e do Estado totalitário. A primeira fórmula designa o *Estado de liberdade*, ou seja, o Estado que parte do pressuposto da liberdade natural ("Tudo é permitido"), mas admite que a liberdade natural possa ser limitada por meio de normas imperativas mais ou menos amplas segundo as circunstâncias ("exceto aquilo que é proibido"). A segunda fórmula designa o *Estado socialista*, ou seja, aquele Estado que parte do pressuposto da não liberdade do indivíduo enquanto indivíduo que é parte de um todo (a sociedade) que o transcende ("Tudo é proibido"), salvo a introdução, caso a caso mediante normas permissivas, de esferas particulares e bem delimitadas de licitude ("exceto o que é permitido"[11]). Consideremos, por exemplo, o instituto da propriedade: em um Estado liberal a propriedade individual é considerada como um direito natural, isto é, como um direito preexistente à formação do Estado, e a tarefa do Estado é a de delimitar a extensão por meio de uma regulamentação imperativa; em um Estado socialista, ao contrário, a propriedade individual é de início proibida, salvo se for reconhecida em determinados casos por meio de normas permissivas. Sombart, a quem se deve essa caracterização do Estado liberal e do Estado socialista, concluía que no primeiro a esfera de permissão prevalece sobre a da obrigação, no segundo, ao contrário, a esfera de obrigação prevalece sobre a da permissão.

Como toda redução à fórmula simples de uma situação complexa, também essa dúplice caracterização deve ser aceita com muita cautela. Talvez estaríamos mais perto da realidade se disséssemos que em todo Estado há situações correspondentes à primeira fórmula, em que o pressuposto é a liberdade natural, e situações correspondentes à segunda fórmula, em que o pressuposto é a ausência de liberdade, e que, além do mais, podem-se distinguir Estados em que prevalecem as primeiras e outros em que prevalecem as segundas. Essa diferença de situações corresponde, *grosso modo*, às tradicionais distinções entre a esfera do direito privado e a do direito público. Quando lemos o Código Civil, temos em mente que tudo o que não é por ele prescrito é permitido; quando lemos o

11. A distinção entre Estado de liberdade e Estado socialista com base nas duas formulações indicadas foi feita por W. Sombart, *Il socialismo tedesco* [O Socialismo Alemão]. Florença: Vallecchi, 1941. p. 83 ss.

texto de uma Constituição, temos em mente o outro pressuposto, de que tudo o que não é por ela expressamente autorizado é proibido. Diríamos, em outras palavras, que na esfera da regulamentação da autonomia privada vale o postulado de que tudo é permitido exceto o que é proibido, enquanto na esfera da regulamentação dos órgãos públicos vale o postulado oposto, tudo é proibido exceto o que é expressamente permitido. A distinção não tem valor puramente teórico: no caso de lacuna, se um sistema de imperativos é regido pelo primeiro postulado, disso deriva que o comportamento não previsto deve ser considerado permitido; se é regido pelo segundo, o comportamento não previsto deve ser considerado proibido.

4.8. Imperativos e regras finais

Entre as teorias mistas, recorda-se, por completude, aquela sustentada por Brunetti, ainda que ele não coloque a sua doutrina entre as doutrinas mistas, mas a denomine uma teoria integral da norma jurídica. Brunetti, depois de ter criticado a teoria negativa (que veremos no próximo tópico), critica também a tese segundo a qual todas as normas de um sistema jurídico são imperativas. Só que ele não segue a via das outras doutrinas mistas, ou seja, a de considerar, ao lado das normas imperativas, as normas permissivas. A via que ele segue considera como não imperativas um tipo de normas jurídicas que ele chama de *regras finais*.[12]

Por "regras finais" Brunetti entende a mesma coisa que os imperativos hipotéticos ou normas técnicas de Kant, vale dizer, aquelas regras que, como ele declara, não exprimem uma necessidade absoluta, mas apenas final ou teleológica, ou, usando as palavras de sempre, não impõem uma ação como boa em si mesma, mas como boa para atingir um determinado fim: "Se você quiser chegar cedo, dever caminhar rapidamente". Mas

12. Ver a obra *Norme e regole finali nel diritto* [Normas e Regras Finais no Direito]. (Turim: Utet, 1913), útil também pela exposição e crítica das principais doutrinas sobre a norma jurídica.

será talvez essa teoria uma repetição daquela de Ravà, de que falamos no tópico 4.3 (ver p. 111)?* O próprio Brunetti esclarece a diferença: a teoria de Ravà tem como meta a definição do direito no seu complexo; a sua teoria das regras finais tem como objetivo caracterizar certas normas jurídicas em confronto com algumas outras. Brunetti acrescenta à definição tradicional de normas técnicas o seguinte: *as normas técnicas* (ou regras finais) *não são imperativos*. Portanto, se em um ordenamento jurídico é possível encontrar regras finais, isso nos leva a afirmar que nem todas as regras que compõem um ordenamento são imperativos.

As regras finais não se confundem com imperativos, segundo Brunetti, porque não limitam a minha liberdade de agir, a partir do momento que eu sou livre para escolher o fim que elas me propõem. Elas estabelecem um dever que, para distinguir-se dos deveres que resultam dos imperativos propriamente ditos, pode-se chamar de *dever livre*. A diferença entre comandos e regras finais revelaria-se, segundo Brunetti, sobretudo nos confrontos de suas repetidas execuções: frente a um comando, ser livre significa ter a possibilidade de violá-lo; frente a uma regra final, ser livre significa ter a possibilidade de não fazer o que ela prescreve sem por isso violá-la. Tomemos um exemplo típico de regra final: a que prescreve a modalidade do testamento holográfico. Para Brunetti, essa regra não é um comando, seja porque não impõe fazer o testamento holográfico, mas me deixa perfeitamente livre para fazê-lo ou não fazê-lo, seja porque não a seguindo (isto é, não fazendo o testamento holográfico) não a violo, logo não realizo um ato ilícito. Brunetti aplica essa sua doutrina das regras finais à explicação da *relação obrigatória*: ao direito do credor não corresponderia, como sustenta a doutrina tradicional, o dever do devedor, mas o dever do Estado de satisfazer o interesse do credor. Esse dever do Estado deriva de um verdadeiro imperativo voltado aos órgãos judiciários. Mas desse dever do Estado nascem duas regras finais, uma voltada ao devedor, "Se você não quiser que o Estado intervenha etc.,

---

*. O autor faz referência à teoria de Ravà no tópico 4.4 (ver p. 114); no tópico 4.3 (ver p. 111), alude àquela de Karl Olivecrona. (N.T.)

deve executar a prestação", outra ao credor, "Se você quiser que o Estado intervenha etc., deve mover a ação".

Julgamos que também a teoria de Brunetti não consegue afetar a doutrina da imperatividade do direito. Já expusemos, aliás, no tópico 3.9 (ver p. 92), as razões pelas quais pensamos que as normas técnicas que se encontram em um ordenamento jurídico sejam verdadeiros imperativos. A questão, da forma que propõe Brunetti, é meramente uma questão de palavras. Se nós tomarmos o termo "imperativo" como sinônimo de "comando", e entendermos por "comandos" apenas os "imperativos categóricos", as regras finais, que não são em nada diversas dos imperativos hipotéticos, não poderão ser chamadas nem de imperativos, nem de comandos. Mas se acolhermos uma acepção mais ampla de imperativos e a tornarmos um sinônimo de proposição prescritiva (como sem dúvida entendia Thon), e entendermos por "proposição prescritiva", como fizemos até aqui, uma proposição cuja função seja a de dirigir uma ação alheia, não há dúvida de que as regras finais poderão ser chamadas de imperativos, porque, embora subordinadas à escolha dos fins, dirigem a ação na execução dos meios.

Além disso, os argumentos adotados por Brunetti para distinguir as regras finais dos imperativos não são muito convincentes. Ele fala de *dever livre* contraposto a dever necessário. Ora, a expressão "dever livre" é uma *contradictio in adiecto* [uma contradição em termos]: na realidade o que é livre, nas regras finais, é o fim, mas o fim, precisamente porque é livre, não é devido; o que é devido é o meio, mas precisamente pelo fato de ser devido, uma vez escolhido o fim, ele deixa de ser livre. Quanto à característica relativa à execução, o que Brunetti diz acerca das regras finais deriva de uma confusão entre a norma que prescreve os meios, que é prescritiva, e a norma referente aos fins, que ou não existe, ou é permissiva: se eu não faço testamento, certamente não violo a norma que estabelece a modalidade para fazer testamento, não apenas porque essa norma não é imperativa, mas porque o meu comportamento deixa a esfera dos comportamentos regulados por ela; em outras palavras, porque a norma que surge em questão relativamente à minha decisão de fazer testamento não é a norma imperativa que prescreve as suas modalidades, mas é a permissiva, que admite também a licitude de não fazer testamento. Uma vez tomada a decisão de fazer testamento, não sou mais de forma alguma livre para não fazer o que a regra final prescreve, ou, se quiser, sou livre, mas fazendo isso, violo a norma, não diversamente do que sucede com qualquer outra norma que Brunetti chamaria de imperativa.

4.9. Imperativos e juízos hipotéticos

E, agora, tratemos das teorias negativas, isto é, as teorias que negam que as normas jurídicas sejam imperativos. A primeira e mais radical formulação das teorias negativas remonta-nos a Zitelmann, que decidiu responder com sua crítica aos entusiasmos imperativistas de Thon. Segundo este autor, toda proposição jurídica pode se resolver na fórmula: "Se..., você deve". Ora, diz ele, uma proposição desse gênero tem o caráter de uma asserção, isto é, de um juízo, em particular de um juízo hipotético, ou seja, é "uma asserção sobre uma relação já existente". E um juízo, segundo os ditames da lógica clássica, não é um comando.

A tese da norma jurídica como juízo hipotético foi acolhida, embora com argumentos diversos, por Kelsen, e agora a doutrina anti-imperativista identificar-se-á frequentemente com a doutrina kelseniana. Contra o imperativismo, Kelsen desenvolveu alguns argumentos críticos desde a sua obra mais importante, *Hauptprobleme der Staatsrechtslehre* [Principais Problemas da Doutrina do Direito Internacional] (1911) (2. ed., 1923, p. 189 ss.), que para alguns foram decisivos. O seu ponto de partida era uma definição bem mais restrita de "comando" (mais uma vez observa-se quanta importância possuem nessas disputas as definições iniciais, e logo o quanto essas questões são questões de palavras). Ele entendia por "comando" a expressão imediata de uma vontade voltada à modificação de uma vontade alheia, e até aqui não dizia nada de particularmente diverso daquilo que repetidamente foi dito neste curso sobre as proposições prescritivas, mas depois acrescentava – e com isso introduzia uma limitação – que era da natureza dos comandos *não conter nenhuma garantia de que o comportamento alheio fosse efetivamente modificado.* Dessa definição restritiva de comando concluía que se poderia falar em "comando" em relação aos imperativos morais, porque, sendo autônomos, não existe uma vontade dirigida a uma vontade alheia, mas uma só vontade divisa ou duas diversas direções da mesma vontade, mas não se poderia falar em relação às normas jurídicas que, sendo heterônomas (o Estado comanda e os súditos obedecem), têm necessidade de uma garantia de que a vontade dos súditos adeque-se à do Estado, garantia que o comando enquanto tal (isto é, na definição restrita de Kelsen) não pode dar, e que pode ser alcançada somente por meio da sanção. Uma vez definida a sanção, o que o Estado deseja não é mais aquele determinado comportamento dos súditos, mas um determinado comportamento dos próprios órgãos encarregados de exercitar a coação, em que o comportamento dos súditos não é mais, enquanto lícito, o *conteúdo* da vontade estatal, mas, enquanto ilícito, a *condição* da atividade sancionadora do Estado.

A crítica às teorias imperativistas, de um lado, entendida como teoria que via nas leis um comando dirigido aos súditos, e a interdependência estabelecida entre o conceito de direito e aquele de sanção (é norma jurídica somente a sancionada) conduziam Kelsen a atribuir à norma jurídica o caráter não mais de comando, mas de *juízo hipotético*, voltado a estabelecer um nexo entre uma *condição* (o ilícito) e uma *consequência* (a sanção), na seguinte fórmula: "Se é *A*, *deve* ser *B*" (onde *A* representa o ilícito e *B*, a sanção). Entre outras coisas, essa redução da norma jurídica servia para Kelsen resolver a tradicional questão da diferença entre direito e moral: as normas morais, aquelas sim, são comandos; as normas jurídicas, ao contrário, são juízos. A autonomia do direito diante da lei moral era assegurada, e assim se exprimia (KELSEN, 1952b, p. 40): "fazendo que a norma jurídica, *contrariamente à doutrina tradicional*, seja entendida não como imperativo igual à norma moral, mas como *juízo hipotético* que exprime a relação específica de um fato condicionante com uma consequência condicionada".

Por outro lado, que as normas jurídicas sejam juízos hipotéticos, e como tais distintas das normas morais, não significa, para Kelsen, que sejam asserções ou proposições descritivas. Kelsen distingue as normas jurídicas das leis morais, mas distingue-nas ainda das leis científicas (as leis de que falam os físicos, os químicos, os biólogos etc.). Mesmo estas últimas podem se transformar em juízos hipotéticos que estabelecem uma relação constante entre uma condição (*a causa*) e uma consequência (*o efeito*), mas a cópula que une as duas partes do juízo é constituída pelo verbo *ser*, enquanto a cópula em uma norma é o verbo *dever*. A lei científica diz "Se é *A*, é também *B*"; a lei jurídica, "Se é *A*, *deve ser B*". Enquanto o nexo que une *A* e *B* em uma lei científica é um nexo de *causalidade*, no sentido de que *A* é a causa de *B*, e *B* é o efeito de *A*, o nexo que une *A* e *B* em uma lei jurídica é um nexo, como diz Kelsen, de *imputação*, no sentido de que a consequência *B* não é efeito da condição *A*, mas é imputada a *A* por um fato humano, mais precisamente por uma norma. Com as palavras do próprio Kelsen:

> A conexão entre causa e efeito é independente do ato de um ser humano ou sobre-humano. Ao contrário, a conexão entre um ilícito e a sanção jurídica é estabelecida por um ato, ou por atos humanos, por um ato que produz direito, isto é, por um ato cujo significado é uma norma.[13]

Não estamos sublinhando a importância entre relação de causalidade e relação de imputação para a compreensão da diferença entre ordem física e ordem normativa. A importância revela-se, sobretudo, quando ganhamos consciência dos erros nascentes da confusão entre as duas ordens, que Kelsen atribui à mentalidade primitiva. É próprio de uma concepção primitiva, pré-científica do mundo, confundir a ordem física com a ordem normativa, e considerar, portanto, um fenômeno não como o efeito de um outro fenômeno, mas como uma sanção imputada ao agente por uma norma (emanação de uma vontade superior), confusão que leva a perguntar-se, frente a um fenômeno natural, não "Qual é a causa", mas "De quem é o mérito ou de quem é a culpa?" (segundo o fenômeno seja valorado

13. Do ensaio "Causalidade e Imputação", publicado como apêndice à *Teoria pura del diritto* [Teoria Pura do Direito] (1952b, p. 181).

como útil ou desvantajoso). O que para nós importa sublinhar é que essa diferença entre relação causal e relação de imputação reintroduz a diferença entre o descritivo e o prescritivo que a polêmica contra o imperativismo levou muitos a crer que tivesse sido abandonada por Kelsen. Pode-se dizer que a distinção das duas relações está no fato de que a primeira não é voluntária, não depende de uma autoridade que a tenha colocado, e a segunda é voluntária, depende de uma autoridade que a coloque; e ainda, a primeira reenvia a uma determinação necessária; a segunda, a uma estatuição voluntária, e portanto a uma *prescrição.*

Desse modo, resulta que a diferença entre a norma jurídica e a lei natural é uma diferença essencial, no sentido de que uma e outra pertencem a duas ordens diversas (a ordem das relações causais e a ordem das relações imputativas), enquanto a diferença entre a norma jurídica e a norma moral é uma pura diferença de grau no âmbito da mesma ordem normativa, no sentido de que a lei moral é uma prescrição com eficácia imediata, e a lei jurídica é uma prescrição com eficácia mediata, isto é, uma prescrição cuja eficácia depende não da norma que prescreve um comportamento, mas da norma que prescreve a consequência desfavorável (a sanção) de um comportamento considerado como ilícito. Se o *proprium* da norma jurídica é, como dissemos até agora, pertencer à categoria das proposições prescritivas, a teoria de Kelsen, para quem a norma jurídica converte-se em um juízo hipotético, não é uma teoria contrária à tese da norma jurídica como prescrição, porque o juízo em que se expressa a norma é sempre um juízo hipotético prescritivo, e não descritivo, isto é, um juízo que na sua segunda parte contém uma prescrição ("... deve ser *B*"). Em suma, a teoria anti-imperativista de Kelsen não pode ser considerada uma teoria negativa no sentido de que, negando às normas jurídicas a qualificação de prescrições, faz delas asserções, mas só no sentido limitado, e para a tese sustentada até aqui irrelevante, que faz delas prescrições distintas das morais, mas sempre, prescrições, e isso é o que mais importa até o fim da nossa investigação. Além disso, o próprio Kelsen parece, nas obras sucessivas, ter atenuado o seu anti-imperativismo, quando escreve:

> O legislador usa frequentemente o futuro, afirmando que um ladrão *será* punido desta ou daquela maneira. Ele pressupõe, então, que o problema

relativo a quem seja o ladrão já esteja em algum lugar resolvido, na mesma ou em qualquer outra lei. A frase, "será *punido*", não implica a predição de um evento futuro – o legislador não é um profeta –, mas um *imperativo* ou um *comando*, tomando tais termos em sentido figurado. O que entende a autoridade que cria a norma é que a sanção *deve* ser executada contra o ladrão, quando se verificarem as condições para a sanção (KELSEN, 1952a, p. 45).

E um pouco mais adiante, desejando distinguir as normas jurídicas das proposições da ciência jurídica, chama a estas últimas de proposições descritivas, e precisa que "as normas jurídicas emanadas das autoridades que produzem o direito são *prescritivas*". E é isso justamente o que nós queríamos demonstrar.

4.10. Imperativos e juízos de valor

Uma diversa formulação da teoria anti-imperativista é a que define as normas jurídicas não como juízos hipotéticos, mas como *juízos de valor* ou *juízos de valoração*, ou, mais brevemente, *valorações*. É uma doutrina que foi e continuou sendo seguida sobretudo entre os juristas italianos.[14] Perassi (1953, p. 31), por exemplo, fala da norma jurídica como "os cânones que valoram uma conduta do indivíduo na vida em sociedade"; Giuliano (1956, p. 8) define a norma jurídica como

juízos de valor, juízos sobre o comportamento (e sobre a conduta) de determinados cidadãos diante da (ou dependentemente da) verificação de determinadas situações, de determinados eventos, mais genericamente de determinados fatos.

Em Giuliano (1950, p. 222), a definição da norma jurídica como juízo de valor tem uma nítida função polêmica contra o imperativismo... Ele fala explicitamente de

14. Para um exame exaustivo desta doutrina, indico o estudo de E. Di Robilant, "Osservazioni sulla concezione della norma giuridica come giudicio di valore" ["Observações sobre a concepção da norma jurídica como juízo de valor"], em *Rivista Trimestrale del Diritto e Processo Civile*, XI, 1957, p. 1.377-1.443.

profunda e íntima superação da configuração imperativista do direito que está ínsito na perspectiva das normas jurídicas como juízos de valor jurídico e do ordenamento jurídico como um conjunto de juízos de valor jurídico.

Aqui, não nos ocupamos da questão, frequentemente discutida, de se para indicar a norma jurídica, a escolha da expressão "juízo de valor", que na linguagem filosófica tem um significado bastante uniforme e diverso do que os juristas mencionados lhe atribuem, é oportuna ou não, a ponto de gerar algumas confusões. Aqui, limitamo-nos a perguntar se aquela definição implica uma negação do significado prescritivo das normas jurídicas, isto é, se realmente pode-se considerar a teoria das normas como juízos de valor uma doutrina resolutiva nos confrontos com a doutrina imperativista, entendida no seu sentido mais amplo (isto é, como teoria que considera as normas jurídicas não como comandos em sentido estrito, mas como proposições pertencentes à linguagem prescritiva, distinta da descritiva). Quando os autores anteriormente lembrados dizem que a norma é a valoração de certos fatos, querem dizer que a norma jurídica qualifica certos fatos como jurídicos, isto é, coliga a certos fatos certas consequências, chamadas de "consequências jurídicas". Mas quais são essas consequências jurídicas, diversas, por exemplo, das consequências naturais? A mais importante e mais frequente dessas consequências jurídicas é o surgimento de uma obrigação, ou no indivíduo da sociedade, quando se trata de uma norma primária, ou na pessoa dos juízes, quando se trata de uma norma secundária. Em outras palavras, quando se diz que um fato é valorado por uma norma, nada se diz além disto: o fato é a condição para o surgimento de uma obrigação. *Mas a obrigação reenvia a uma prescrição.* Por isso, dizer que certos fatos têm certas consequências jurídicas significa reconhecer que certos comportamentos, mais do que outros, são obrigatórios enquanto são prescritos; que, por exemplo, certos comportamentos que sem a norma seriam lícitos são ao contrário proibidos, ou outros determinados comportamentos que sem aquela norma seriam proibidos tornam-se lícitos. Quer dizer, em suma, refere-se a uma modificação de comportamentos, àquela modificação de comportamentos que é o objetivo a que tende uma prescrição qualquer.

Não se nota, de fato, como uma norma poderia atribuir certas consequências se não fosse, no caso de essas consequências serem obrigatórias, uma prescrição que tenda a influenciar o comportamento alheio. A tarefa de uma norma não é a de descrever as consequências que derivam de certos fatos, mas de colocá-las em ação.

Além disso, o significado prescritivo da norma jurídica resulta, que se note bem, do mesmo texto de Perassi (1953, p. 43), onde se lê: "As valorações do direito são voltadas, definitivamente, a conformar a conduta dos indivíduos para com os outros a certas exigências de equilíbrio social", o que demonstra que a função prescritiva da norma, de qualquer modo comprimida, acaba por emergir, e que definitivamente a consideração da norma como um juízo de valoração representa uma mudança de nome a que não corresponde uma mudança de significado. A contraprova disso se vê na conclusão a que chega o último autor que acolhe a definição de norma como juízo de valor, Allorio, que julga que essa definição não é "incompatível com a concepção que se costuma chamar de *imperativa* do direito". Ele, entre outras coisas, escreve:

> Da mesma definição da norma jurídica como valoração ou juízo decorre [...], com um modo diferente de expressão, sem inconvenientes de qualquer espécie para a investigação do jurista, a mesma realidade, *a ideia da norma como preceito,* que reclama observação. (ALLORIO, 1955, p. 255)

Que a teoria da norma como juízo de valor não tenha retirado o peso da definição tradicional da norma como imperativo e, depois de uma longa volta tenha retornado ao ponto de partida do imperativismo, parece já uma opinião corrente. Lemos, por último: "Não há antítese entre o aspecto imperativista e o valorativo do direito. Diria mesmo que o segundo aspecto não representa mais do que um desenvolvimento lógico do primeiro" (FERRI, 1958, p. 44)

A conclusão que podemos tirar do exame dessa teoria da norma como juízo de valor vale para todas as doutrinas que se propuseram a negar, no todo ou em parte, o imperativismo. Isso não significa que o antigo imperativismo tenha resistido incólume à prova. O antigo imperativismo partia de uma noção muito restrita da norma jurídica como comando, ou seja, como imposição do soberano (é a concepção de norma como comando que de Hobbes chega a Austin, e domina grande parte do positivismo jurídico estatualista do século XIX). Uma concepção assim restrita não poderia sobreviver aos ataques que provinham do estudo de experiências jurídicas diversas da estatal e de uma mais desprendida observação das fontes do direito diferentes da lei. O ordenamento internacional, com a sua produção normativa caracterizada em grande parte pelo costume, não se prestava a ser definido como um complexo de comandos, no momento em que o termo "comando" é empregado para indicar a norma ou a ordem imposta por uma pessoa dotada de autoridade, e no direito internacional não há pessoas nem supremacias personificadas. Assim então, o vasto domínio da autonomia privada, dominada pela atividade negocial, ou, com uma expressão mais abrangente, do chamado "direito privado", revelou e continua a revelar um direito que surge entre pessoas talvez bem-definidas (como, por exemplo, em um contrato) entre as quais ocorre, porém, uma relação não de subordinação (entre o superior e o inferior), mas de coordenação (entre iguais), e, portanto, também aqui, a regra que delimita os comportamentos recíprocos não pode ser chamada, a não ser por um esforço inútil, de "comando", ou mesmo de "imperativo".

A reação ao imperativismo, até mesmo se por "imperativismo" entende-se a teoria da norma jurídica como comando, fundada (mesmo se não era sempre explicitamente reconhecido) na identificação do direito com o direito estatal, foi uma reação justa. A reação ultrapassou a medida, porém, quando, para combater a noção restrita de comando ou imperativo, acabou por crer ou por levar a crer que as normas jurídicas, além de não serem comandos, não eram nem mesmo imperativos no sentido mais amplo do termo, nem prescrições, mas eram juízos ou valorações pertencentes a uma linguagem diversa daquela a que pertenciam os comandos, à linguagem da Ciência, e não à normativa. Mostrando, como buscamos fazer até aqui, que as teorias mistas e as teorias negativas, embora critiquem a identificação da norma jurídica com o comando, nunca superaram o recife da pertinência da linguagem de um sistema jurídico à linguagem prescritiva, tentamos atenuar o contraste entre imperativistas e não imperativistas, fazendo ver mais o que eles têm em comum (mesmo se isso não tenha sido consciente), vale dizer, a pertinência das normas jurídicas – sejam elas comandos propriamente ditos ou imperativos impessoais, ou imperativos hipotéticos, ou normas técnicas, e assim por diante – à categoria das proposições prescritivas, e não o que as divide, isto é, a proeminência dada a esta ou àquela forma de prescrição – o que levou a crer que os "comandos" do legislador estatal fossem essencialmente diversos das "prescrições" de um costume ou das "normas" contratuais, enquanto são *espécies* de um mesmo *gênero*. Em outras palavras, a disputa entre imperativistas e não imperativistas é apresentada como uma disputa relativa ao *gênero*, enquanto foi na realidade – esta é a nossa conclusão – uma disputa em relação às *espécies*, vale dizer, em relação aos vários tipos de proposições prescritivas que podem compor um sistema normativo, e não danificou a comunidade do gênero, ao qual todos os diversos tipos de normas pertencem, e que é o gênero das proposições prescritivas distintas das descritivas.

Capítulo 5

As prescrições jurídicas

5.1. Em busca de um critério

O fato de que as normas jurídicas pertençam, enquanto proposições, à linguagem prescritiva, pode dar lugar a interessantes considerações sobre sua natureza, sua lógica e sua função. Porém, não resolve o problema sobre o qual filósofos do direito e juristas têm se interrogado há tempos, em torno da diferença entre as normas jurídicas e outros tipos de normas. É o problema que nos colocamos neste capítulo.

A tese da qual partimos é que o problema da distinção entre normas jurídicas e outros tipos de normas, chamado de "características diferenciais" da norma jurídica – com frequência desprezado e repelido, mas continuamente emergente –, não se resolve ao permanecer nos limites de um estudo puramente formal das proposições normativas. Para que se pudesse resolvê-lo, seria necessário que as prescrições jurídicas tivessem, enquanto prescrições, uma característica que as distinguisse de outros tipos de prescrições; em outras palavras, que as proposições normativas pertencentes ao direito fossem diferentes de outras proposições normativas devido a uma característica inerente à sua natureza de prescrições. Tentativas de solução puramente formal da característica distintiva do direito são aquelas, já examinadas e consideradas inaceitáveis por nós, dirigidas a colher, por exemplo, o elemento característico das normas jurídicas no fato de que são constituídas por imperativos negativos (enquanto a moral seria constituída por imperativos positivos), ou no fato de que são constituídas por normas técnicas (enquanto a moral seria constituída por normas éticas), ou, ainda, no fato de que são constituídas por normas heterônomas, por imperativos impessoais etc. (enquanto a moral é constituída por normas autônomas, por comandos pessoais etc.). Em suma, todas as doutrinas que procuram uma resposta para a pergunta "O que é o Direito?" na *forma* do imperativo jurídico, como se o elemento diferencial das normas jurídicas consistisse em serem *formalmente* diversas das outras normas. Também a fórmula mais acolhida da norma jurídica, "Se é *A*, deve ser *B*", pode ser aplicada a muitos outros tipos de normas. Abro uma gramática latina e leio: "Se na oração regente há um tempo principal, na dependente *deve-se* usar o presente do conjuntivo etc.". Trata-se de uma regra cuja fórmula é: "Se é *A*, deve ser *B*". Se observarmos bem, o que caracteriza a norma jurídica, segundo Kelsen, é que *A* representa o ilícito e *B*, a sanção, o que é uma interpretação da fórmula advinda não da pura e simples relação formal por ela indicada, mas das coisas a que os símbolos se referem.

O mundo jurídico apareceu-nos até agora muito mais articulado e complexo do que aparece nas várias tentativas de redução a esta ou àquela fórmula; e, de outra parte, o mundo normativo é tão vasto, como vimos desde as primeiras páginas, que não há um tipo de prescrição relevante em um ordenamento normativo jurídico que não se encontre em algum outro sistema normativo. Consideramos, portanto, que a tentativa de dar uma resposta ao problema da definição do direito, definindo uma espécie de prescrição, seja verdadeiramente uma tentativa destinada ao fracasso.

5.2. De alguns critérios

Abandonado o critério puramente formal, salta aos nossos olhos a enorme quantidade de tentativas de definir o direito recorrendo a outros critérios. O campo é tão vasto, que é possível perder-se: trata-se, como é fácil compreender, de uma parte considerável da história da filosofia do direito e da teoria geral do direito, empenhada em uma definição do direito por meio da definição da norma jurídica. Não temos a pretensão de percorrer todo esse espaço, mas apenas de nos dirigir à solução que julgamos mais satisfatória, reagrupando em torno de alguns critérios fundamentais, além dos formais, um certo número de teorias típicas.

1) O critério mais seguido sempre foi o de procurar individualizar o caráter da norma jurídica por meio do seu *conteúdo*. Pertencem a esta categoria todas as teorias que afirmam como característica da norma jurídica regular sempre uma *relação intersubjetiva*, isto é, uma relação não entre uma pessoa e uma coisa, nem entre uma pessoa e si mesma, mas entre uma pessoa e uma outra pessoa. Esta teoria exprime-se também atribuindo à norma jurídica o caráter da *bilateralidade* (eis um dos mais conhecidos "caracteres diferenciais" da norma jurídica), diversamente da norma moral, que seria *unilateral*. O caráter da bilateralidade consistiria no seguinte: a norma jurídica institui ao mesmo tempo um direito a um sujeito e um dever a um outro; e a relação intersubjetiva, ao constituir o conteúdo típico da norma jurídica, consistiria precisamente na relação de interdependência entre um direito e um dever.

Essa doutrina nasce de uma constatação de que não se pode desconhecer o fundamento empírico, vale dizer, o direito é um regulamento das ações sociais dos homens, ou das ações do homem que vive em sociedade com os seus semelhantes. Isso explica o seu grande êxito. Pode-se objetar que um tal critério sirva talvez para distinguir o direito da moral, mas não sirva igualmente bem para distinguir o direito das chamadas "normas sociais", as quais tendem, como as jurídicas, a regular as relações sociais dos indivíduos e, por isso, têm também como conteúdo as relações intersubjetivas.

2) Dessa crítica, que revela uma insuficiência no critério do conteúdo, nasce a exigência de um novo critério, o do *fim*. Com base nesse novo critério, responde-se que o direito regula sim, como as normas sociais, relações intersubjetivas, mas não relações intersubjetivas genéricas. As relações intersubjetivas reguladas pelo direito são específicas, e a sua especificidade é dada pelo fim a que o ordenamento normativo jurídico se propõe no confronto com todos os outros ordenamentos normativos vigentes naquela determinada sociedade. E esse fim é a *conservação da sociedade*. Nem todas as ações sociais são igualmente necessárias (alguns diriam *essenciais*) para a conservação da sociedade. Essencial é a ação de restituir o débito e de ressarcir o dano causado por culpa, não essencial é o cumprimentar-se na rua ou o não cortar o peixe com a faca. Em toda sociedade vão se distinguindo, no conjunto das regras de conduta, aquelas sem as quais a sociedade não poderia subsistir e aquelas que podem modificar-se ou desaparecer sem que aquela estrutura social específica esvaneça. As regras a que se atribui a qualificação de jurídicas são as primeiras.

Também essa teoria não é isenta de uma grave objeção. As regras consideradas essenciais em uma sociedade podem ser diferentes das regras consideradas essenciais em uma outra sociedade. O que é norma social em uma sociedade pode se tornar norma jurídica em uma outra ou vice-versa. Esse critério, em suma, serve para dizer que se uma certa norma em uma determinada sociedade é jurídica, é sinal de que é considerada como essencial à conservação da sociedade. Mas não serve ao fim a que deveria servir uma definição da norma jurídica, ou seja, o de reconhecer uma norma como jurídica no meio de outras normas. Para que servisse a esse fim, seria preciso que conseguíssemos, por meio de uma fenomenologia histórica do direito, fixar de modo unívoco os caracteres que fazem de uma norma uma regra essencial à conservação da sociedade. Mas essa procura não pode ter sucesso por causa, exatamente, da variedade histórica das sociedades jurídicas.

3) Da insuficiência do critério do fim, somos impelidos, quase fatalmente, ao critério do *sujeito que estabelece a norma*. O critério do fim é insuficiente, porque o juízo sobre para que serve o fim (isto é, a conservação da sociedade) varia de tempos em tempos, de lugar para lugar. Quem decide, em cada sociedade, o que serve e o que não serve? Responde-se: aquele ou aqueles que detêm o *poder soberano*. É essencial à conservação da sociedade o que de acordo com o momento o poder soberano decide que seja essencial. E, por isso, eis a conclusão desta nova teoria: norma jurídica é aquela que, independentemente da forma que assuma, do conteúdo que possua, do fim a que se proponha, é estabelecida pelo poder soberano, ou seja, por aquele poder que em uma dada sociedade não é inferior a nenhum outro poder, mas que está em posição de dominar todos os outros. Uma norma é sempre uma expressão de poder. Em toda sociedade existem poderes inferiores e poderes superiores. Remontando do poder inferior ao poder superior, chegar-se-á sempre a um poder que não tem acima de si nenhum outro poder: este é o poder soberano na sua definição tradicional de *summa potestas superiorem non recognoscens* [o poder supremo não reconhece superior]. Pois bem, normas jurídicas são aquelas estabelecidas e impostas por quem detém o poder soberano, qualquer coisa que ordenem, visto que só quem detém o poder está em posição de decidir o que é essencial, e de tornar efetivas as suas decisões.

Essa resposta, claramente, é a que provém do mais autêntico positivismo jurídico, segundo o qual o soberano não apenas edita as normas essenciais para a conservação da sociedade, mas as normas estabelecidas pelo soberano tornam-se essenciais, só pelo fato de que se fazem valer também recorrendo à força.

4) A crueza da teoria positivista do direito reenvia ao seu oposto, ou seja, à teoria jusnaturalista na acepção mais ampla do termo, isto

é, a todas aquelas doutrinas que buscam a essência do direito nos *valores* (ou ideais) em que o legislador se inspira. Concordamos que o direito positivo seja aquele estabelecido e imposto pelo soberano (entendendo-se por soberano a pessoa ou o grupo de pessoas que detêm o poder de fazer respeitar, inclusive por meio da força, as regras de conduta que emanam). Mas será necessário distinguir as decisões segundo os ideais em que se inspiram, e então serão jurídicas não todas as regras, mas somente as que se inspiram em determinados valores. Em geral, dá-se ao supremo valor em que o direito se inspira o nome de *justiça*. Daí segue que, para uma regra ser jurídica, é preciso que seja justa, isto é, que tenda à realização de certos valores em primazia de outros.

O defeito da doutrina jusnaturalista é que as opiniões são muito divergentes sobre o que se deve entender por "justiça". Por "justiça" entende-se, em geral, "igualdade". Diremos, então, que normas jurídicas são aquelas que tornam possível estabelecer relações de igualdade entre os cidadãos? Mas "igualdade" não é um termo um pouco vago? Igualdade *em relação* a quê? Na história do pensamento jurídico, são conhecidas pelo menos quatro respostas a esta última pergunta: igualdade segundo o mérito, segundo a necessidade, segundo o trabalho, segundo o *status*. Qual desses critérios é o *justo*, ou seja, o que permite afirmar que uma norma é jurídica ao sustentar-se que uma norma, para ser jurídica, deve ser também justa?

5) Um quinto grupo de teorias é o que se caracteriza pelo fato de procurar a natureza específica da norma jurídica no modo como é acolhida pelo *destinatário*, ou, em outros termos, na natureza da *obrigação*. Distinguem-se aqui, tradicionalmente, duas soluções: a primeira (que chamaremos de kantiana, porque Kant a expressou com maior clareza), é aquela segundo a qual a norma jurídica é a que é obedecida pelas vantagens que dela se possam tirar, e como tal satisfaz-se com uma mera adesão exterior (isto é, uma ação *conforme o dever*), enquanto a norma moral deve ser obedecida por si mesma, e como tal exige uma obediência interior, que não pode

ser constrangida (isto é, uma ação *pelo dever*); a segunda (da qual se encontra uma formulação recente na teoria geral do direito de Haesaert) leva a afirmar que se está diante de uma norma jurídica somente quando aquele a quem ela se dirige está convencido da sua obrigatoriedade e age como em estado de necessidade, enquanto normas não jurídicas, como as sociais, são caracterizadas por um menor senso de dependência do sujeito passivo frente a elas, por uma obrigação não incondicionada, mas condicionada à livre escolha do fim.

A esses dois critérios pode-se apresentar a objeção recorrente de que as normas jurídicas, por causa da sua posição intermediária entre as normas morais e as normas sociais, sempre que são caracterizadas cuidando-se exclusivamente de distingui-las das normas morais, são colocadas em um grupo comum com as normas sociais e, por outro lado, quando são caracterizadas cuidando-se exclusivamente de distingui-las das normas sociais, são colocadas em um grupo comum com as normas morais. Para confirmar isso, veja-se o primeiro critério. Admitamos que a conformidade exterior da norma seja caráter distintivo da norma jurídica em relação à moral. Mas esse não é um caráter comum às normas jurídicas e às sociais? Veja-se, em seguida, o segundo critério. Admitamos que o sentimento de uma obrigação incondicionada (o que os juristas chamam, referindo-se ao costume, de *opinio iuris ac necessitatis* [opinião do direito e da necessidade]) sirva para caracterizar as normas jurídicas frente às sociais. Mas não é esse um caráter comum às normas jurídicas e às morais?

5.3. Um novo critério: a resposta à violação

Com a enumeração do tópico precedente, não acreditamos ter indicado todos os critérios adotados para demarcar as normas jurídicas. Indicamos alguns deles, só para dar uma ideia da complexidade do problema e da variedade das opiniões. O que pretendemos aqui expor é:

1) os critérios citados não são exclusivos, mas antes integrativos uns com os outros, e portanto, toda disputa sobre a superioridade de um ou de outro é estéril;
2) tratando-se de dar uma definição de norma jurídica, e não mais de descobrir a essência do direito, cada um dos critérios não deve ser valorado como verdadeiro ou falso, mas como mais oportuno ou menos oportuno, segundo o contexto dos problemas em que nos encontramos ao dar aquela definição, e as finalidades a que nos propomos com a definição.

Consideramos, por outro lado, que merece ser ilustrado com particular atenção um outro critério, de que os juristas tradicionalmente se ocupam, e sem a compreensão do qual o nosso horizonte seria incompleto. Trata-se do critério que se refere ao momento da *resposta à violação* e que, portanto, acarreta a noção de *sanção*.

Uma norma prescreve o que deve ser. Mas aquilo que *deve ser* não corresponde sempre ao que *é*. Se a ação real não corresponde à ação prescrita, afirma-se que a norma foi *violada*. É da natureza de toda prescrição ser violada, enquanto exprime não o que é, mas o que deve ser. À violação, dá-se o nome de *ilícito*. O ilícito consiste em uma ação quando a norma é um imperativo negativo e em uma omissão quando a norma é um imperativo positivo. No primeiro caso, afirma-se que a norma não foi *observada*, no segundo, que não foi *executada*. Porquanto os termos "observação" e "execução" de uma norma sejam usados indiscriminadamente para indicar o comportamento conforme a norma, o que se observa é uma proibição, o que se executa é um comando, daí dois modos diversos de violação, a *inobservância* em relação a um imperativo negativo e a *inexecução* em relação a um imperativo positivo.

Afirma-se que a possibilidade da transgressão distingue uma norma de uma lei científica. Em outras palavras, exprime-se o mesmo conceito dizendo que a lei científica não admite exceções. Tanto a norma quanto a lei científica estabelecem uma relação entre uma condição e uma consequência. Se a consequência, no segundo caso, não se verifica, a lei científica deixa de ser verdadeira. Se, ao contrário, não se verifica no primeiro caso, a norma continua a ser válida. Uma lei científica não observada não é mais uma lei científica; uma norma ineficaz continua a ser uma norma válida do sistema. Essa diferença coloca-nos diante dos olhos um critério de distinção entre sistema científico e sistema normativo atinente à matéria deste tópico. Em um sistema científico, no caso em que os fatos desmintam uma lei, orientamo-nos no sentido da modificação da lei; em um sistema normativo, no caso em que a ação que deveria ocorrer não ocorre, orientamo-nos sobretudo no sentido de modificar a ação e salvar a norma. No primeiro caso, o contraste é sanado agindo sobre a lei e, por conseguinte, sobre o sistema; no segundo caso, agindo sobre a ação não conforme e, assim, procurando fazer que a ação não ocorra ou, pelo menos, tentando neutralizar as suas consequências. A ação que é cumprida sobre a conduta não conforme para anulá-la, ou pelo menos para eliminar suas consequências danosas, é precisamente aquilo que se chama de *sanção*. A sanção pode ser definida, por esse ponto de vista, como o expediente por meio do qual se busca, em um sistema normativo, salvaguardar a lei da erosão das ações contrárias; é, portanto, uma consequência do fato de que em um sistema normativo, diferentemente do que ocorre em um sistema científico, os princípios dominam os fatos, em vez de os fatos, os princípios. Essa diferença, aliás, reconduz-nos ao que tivemos ocasião de afirmar outras vezes, isto é, que sistema científico e sistema normativo diferenciam-se pelo critério diverso, com base no qual se estabelece a pertinência das proposições no sistema, valendo, no primeiro caso, o critério da verificação empírica e, no segundo caso, o princípio da autoridade.

Podemos definir mais brevemente a sanção como a *resposta à violação*. Todo sistema normativo conhece a possibilidade da violação e um conjunto de expedientes para fazer frente a essa eventualidade. Podemos dizer que todo sistema normativo implica o expediente da sanção. Mas todas as sanções são iguais? Pode haver algum interesse em estudar as respostas às violações que os diversos sistemas normativos estabelecem. Pode ocorrer que esse exame nos ofereça um critério posterior de distinção entre norma jurídica e outros tipos de normas. Violação da norma e sanção como resposta à violação estão implicadas em todo sistema normativo. Trata-se de ver se existem tipos diversos de resposta e se eles nos permitem uma classificação satisfatória dos diversos ordenamentos normativos.

5.4. A sanção moral

A sanção pressupõe a violação da norma. Entra em jogo só quando é verificada uma violação. Podemos partir da hipótese de um ordenamento normativo que nunca seja violado, e consequentemente não tenha necessidade de recorrer à sanção. Trata-se de uma hipótese abstrata. Para que um ordenamento normativo não seja nunca violado, ocorrem duas condições: ou as normas são perfeitamente adequadas às inclinações dos destinatários, ou os destinatários aderem perfeitamente às prescrições. Há dois tipos extremos de sociedade que poderiam realizar as duas condições: uma sociedade de seres perfeitamente racionais, isto é, uma sociedade um pouco melhor do que a real, e uma sociedade de seres perfeitamente automatizados, sem iniciativa e sem liberdade, isto é, uma sociedade um pouco pior do que a real. Nas sociedades históricas, as normas nunca são assim tão racionais a ponto de serem obedecidas por todos pelo seu valor intrínseco, nem os homens nunca são assim tão autônomos a ponto de obedecer às normas por uma espécie de resignada passividade. Todo sistema normativo em uma sociedade real encontra resistência e reações, mas nem todas respondem à violação do mesmo modo. Vejamos como podem se distinguir os vários tipos de normas com base nos diversos modos em que são sancionadas.

Há um modo de definir as normas morais que se refere precisamente à sanção. Afirma-se que são morais aquelas normas *cuja sanção é puramente interior*. Por *sanção*, entende-se sempre uma consequência desagradável da violação, cujo fim é prevenir a violação ou, no caso em que a violação seja verificada, eliminar as consequências nocivas. A única consequência desagradável da violação de uma norma moral seria o sentimento de culpa, um estado de incômodo, de perturbação, às vezes de angústia, que se diz, na linguagem da ética, "remorso" ou "arrependimento". Visto que, toda norma, enquanto prevê uma sanção, pode ser formulada com um juízo hipotético "Se você não quiser *Y*, deve *X*", a norma moral "Não minta" pode ser formulada deste modo: "Se você não quiser se encontrar naquela situação de perturbação que se chama 'remorso', e que deriva do sentir-se em contradição consigo mesmo, não minta". Desse modo, também o legislador moral apela, para obter a obediência, a um estado em que o destinatário, o quanto possível, deseja evitar. Afirma-se que a norma moral obriga em consciência – um dos significados dessa expressão se esclarece tendo presente o tipo de sanção puramente interior que acompanha a norma moral. Que a norma moral obrigue em consciência pode significar, de fato, entre outras coisas, que eu responda somente frente a mim mesmo, no sentido de que, se a transgredir, não há nada, além da minha consciência, em condição de me punir. Afirma-se que eu sou responsável somente frente a mim mesmo pela execução da norma moral. Caso respondesse também frente aos outros, interviria um novo elemento, ou seja, a relação com os outros, relação esta denominada externa, intersubjetiva, bilateral, que me faz entrar em uma esfera normativa social ou jurídica, enquanto, se respondesse somente frente a mim mesmo, a resposta à eventual violação dependeria apenas de mim. Por outro lado, se eu cumprisse o meu dever só por temor aos outros, ou para dar-lhes prazer, ou para evitar que me punissem, a minha ação não mais seria, por isso mesmo, uma ação moral. Comumente, chamamos de "moral" aquela ação que é cumprida por nenhuma outra razão além da satisfação íntima que nos leva à sua adesão, ou da repugnância à insatisfação também íntima que nos causa a sua transgressão. Se não aceitamos falar em satisfação e em insatisfação íntima, foge-nos qualquer elemento para identificar as normas morais, e qualquer critério para distinguir as normas morais das outras. Tem sentido falar em um mundo moral de um indivíduo apenas quando atribuímos a esse indivíduo uma série de ações que ele cumpre para evitar se encontrar, não as cumprindo, em discórdia consigo mesmo. Se considerássemos que o homem age só por temor à penalização dos outros, teríamos com isso suprimido toda possibilidade de distinguir a normatividade moral da jurídica, ou, para dizê-lo com palavras kantianas, a moralidade da legalidade. Somos livres para negar essa diferença, contudo, precisamente, podemos fazê-lo só sob a condição de negar a existência de uma sanção interior. Daí se vê quais tipos de norma e tipos de sanção são estritamente conexos.

O defeito da sanção interior é o de ser escassamente eficaz. O fim da sanção é a eficácia da norma, ou, em outras palavras, a sanção é um expediente para conseguir que as normas sejam menos violadas ou que as consequências da violação sejam menos graves. A sanção interior é certamente um meio inadequado. De fato, ela age, isto é, mostra a sua funcionalidade, somente em um número limitado de indivíduos, aqueles capazes de provar satisfação e insatisfação íntimas, mas são propriamente esses os indivíduos que, por hábito, respeitam as normas morais. Em um indivíduo que não tenha nenhuma inclinação ao respeito das normas morais, a sanção interior não produz nenhum efeito. Para sentir-se em estado de culpa em caso de violação de uma norma, é preciso ser dotado de sensibilidade moral, precisamente daquela sensibilidade que é o melhor terreno sobre o qual se desenvolve a inclinação de respeitar as leis morais. A sanção interior é considerada socialmente tão pouco eficaz que as normas morais são geralmente reforçadas com sanções de ordem religiosa, que são sanções externas, e não mais internas. Não há nenhum legislador que, para obter o respeito das normas que emana, confie exclusivamente na operatividade da sanção interior.

5.5. A sanção social

Assim como chamamos de sanção *interna* aquela que infligimos a nós mesmos, pode-se chamar de *externa* aquela que nos atinge proveniente dos outros, individualmente ou como grupo social. Quando a violação de uma norma suscita uma resposta por parte dos outros com quem convivemos, a norma é externamente sancionada. A sanção externa é característica das normas sociais, isto é, de todas as normas do costume, da educação, da vida em sociedade em geral, que são voltadas ao fim de tornar mais fácil ou menos difícil a convivência. Essas normas nascem, geralmente, de um grupo social em forma de costumes, o mesmo grupo social que responde à sua violação com diversos comportamentos que constituem as sanções.

Esses comportamentos sancionadores são de diversos graus de gravidade: parte-se da pura e simples *reprovação* e chega-se até a *eliminação* do grupo, que pode consistir em alguma forma de *isolamento* no interesse próprio do grupo ou em uma verdadeira *expulsão*. A forma mais grave de sanção social é o *linchamento*, que é uma típica sanção de grupo, expressão daquela forma primitiva, espontânea e irrefletida de grupo social, que é a multidão.

Não há nenhuma dúvida de que sanções desse gênero são eficazes. Grande parte da coesão de um grupo social é devida à uniformidade de comportamentos, provocada pela presença de normas com sanção externa, isto é, normas cuja execução é garantida pelas diversas respostas, mais ou menos enérgicas, que o grupo social dá em caso de violação. Afirma-se que a reação do grupo à violação das normas que garantem sua coesão é um dos mais eficazes meios de *controle social*. A presença dos outros com seus gostos, opiniões, hábitos, é, na vida de cada um de nós, pesarosa, às vezes opressiva. Há muitos comportamentos que não assumimos somente por temor do juízo que os outros farão de nós, e das consequências que esse juízo poderá ter sobre nosso futuro. Devendo viver em meio aos outros, é natural que levemos em conta a reação que cada comportamento nosso suscita nos demais. Esta presença dos outros é tão mais intensa quanto mais o grupo é homogêneo, escassamente articulado, fechado e exclusivo. Em grupos desse gênero, a sanção social é bastante eficaz para produzir uma situação de verdadeiro conformismo, ou seja, de adesão generalizada, uniforme e estática, da qual nasce o fenômeno da cristalização social característico das sociedades primitivas. À medida que o grupo perde homogeneidade, articula-se em subgrupos, abre-se a um intercâmbio contínuo com membros de outros grupos, e é constrangido a coexistir com outros grupos (não é mais exclusivo), as sanções sociais perdem eficácia, mesmo que nunca desapareçam totalmente. Não existe grupo sem um mínimo de conformismo.

O defeito das sanções sociais não é, todavia, a falta de eficácia, mas a *falta de proporção entre violação e resposta.* Sendo a resposta confiada ao grupo impessoalmente, ou a alguns membros do grupo não definidos pessoalmente, ela não é guiada por regras precisas. Acima de tudo, é mais fácil evitá-la do que uma sanção regulada, e confiada a aparatos estáveis do grupo. Comportamentos hipócritas são funcionalmente dirigidos para evitar sanções sociais; são o produto natural da exterioridade e da inorganicidade de tais sanções. Nesse caso, as sanções sociais pecam por defeito. Em segundo lugar, precisamente por causa do imediatismo e da inorganicidade da reação, a resposta não é sempre igual para os mesmos tipos de violação, mas depende dos humores do grupo, que são variáveis: à mesma ação, o grupo pode reagir diversamente, por circunstâncias que não têm nada a ver com a gravidade social da ação. Enfim, a resposta pode ser desproporcional à gravidade da violação. Confiada, como está, à reação imediata e não direta, ela pode exprimir sentimentos que um comportamento controlado e reflexivo estaria em condições de reprimir. Um exemplo típico dessa desproporção é o linchamento. Concluindo, pode-se dizer que os defeitos da sanção social são representados pela *incerteza* do seu êxito, pela *inconstância* da sua aplicação e pela *falta de medida* na relação entre violação e resposta.

Esses inconvenientes dependem do fato de que esse tipo de sanção não é *institucionalizado*, ou seja, não é regulado por normas fixas, precisas, cuja execução esteja confiada estavelmente a alguns membros do grupo, expressamente designados para isso. Pode-se dizer que a sanção social é uma resposta à violação de regras emanadas pelo grupo, mas ela mesma, como resposta, não é, por sua vez, regulada. Consequentemente, é característica de grupos inorgânicos, isto é, que carecem de organização, ou seja, daqueles grupos que, segundo a definição apresentada no tópico 1.5 (ver p. 34), não são ainda *instituições*. Para que se possa falar em instituição, não basta que existam regras de comportamento que dirijam a conduta dos cidadãos, é preciso uma organização fundada sobre regras do próprio grupo, por meio da determinação dos fins, dos meios e dos órgãos do grupo. Geralmente, faz parte da organização do grupo a produção de regras secundárias para a observação e a execução das regras primárias, isto é, a institucionalização das sanções. Afirma-se que um grupo se organiza quando passa da fase da sanção incontrolada à da sanção controlada. E usualmente denomina-se grupo jurídico, ordenamento jurídico, com uma palavra forte como "instituição", um grupo com sanção institucionalizada.

5.6. A sanção jurídica

Com o objetivo de evitar os inconvenientes da sanção interna, isto é, sua escassa eficácia, e os da sanção externa não institucionalizada, sobretudo a falta de proporção entre violação e resposta, o grupo social institucionaliza a sanção, ou seja, além de regular os comportamentos dos cidadãos, regula também a reação aos comportamentos contrários. Essa sanção distingue-se da moral por ser *externa*, isto é, por ser uma resposta de grupo, e da sociedade por ser *institucionalizada*, isto é, por ser regulada, em geral, com as mesmas formas e por meio das mesmas fontes de produção das regras primárias. Ela nos oferece um critério para distinguir as normas que habitualmente se denominam jurídicas das normas morais e das normas sociais. Trata-se das normas cuja violação tem por consequência uma resposta *externa* e *institucionalizada*. Como se pretendia demonstrar, o tipo de sanção serve para introduzir uma nova distinção entre os vários tipos de normas, e é uma distinção que discrimina um tipo de norma tanto nos confrontos com as normas morais quanto com as sociais. A presença de uma sanção externa e institucionalizada é uma das características daqueles grupos que constituem, segundo uma acepção que foi se tornando cada vez mais comum, os ordenamentos jurídicos. Podemos, portanto, considerar esse tipo de sanção como um novo critério para identificar as normas jurídicas. Diremos então, com base nesse critério, que "normas jurídicas" são aquelas cuja execução é garantida por uma sanção externa e institucionalizada. Não pretendemos elevar esse critério a critério exclusivo. Limitamo-nos a dizer que ele serve talvez para circunscrever melhor uma esfera de normas, que usualmente são chamadas de jurídicas, do que outros critérios. A primeira grande manifestação do que se denomina habitualmente "direito internacional" é o chamado direito de guerra, isto é, aquele conjunto de regras, aceitas pelos Estados como regras obrigatórias, que disciplinam a guerra como sanção, ou seja, como resposta às violações das normas reguladoras das relações entre os Estados. Até que a guerra não seja controlada, pode-se dizer que os Estados vivem entre si em um estado de natureza; o Estado de comunidade jurídica internacional começa quando a guerra torna-se uma instituição disciplinada por regras. O que nos leva a falar em instituição jurídica a propósito das associações de delinquentes é a precisão por meio da qual são estabelecidas as penas para os transgressores, e o empenho aplicado para fazê-las executar. Uma vez que a sanção é confiada, no caso, ao arbítrio deste ou daquele membro do grupo, sendo por isso imprevisível na sua aplicação e na sua medida, o grupo não é, também na acepção mais ampla de instituição, um grupo juridicamente organizado, nem podemos, portanto, designar como jurídicas as regras que o disciplinam. Temos tendência a fazer coincidir a juridicidade com a organização, e a organização com a institucionalização da sanção. Por isso, julgamos poder dizer que a sanção externa e institucionalizada é uma característica distintiva das normas jurídicas.

Não há dúvida de que o principal efeito da institucionalização da sanção é a maior eficácia das normas relativas. Quando se fala em sanção institucionalizada, entende-se estas três coisas, ainda que elas nem sempre se encontrem simultaneamente:

1) para toda violação de uma regra primária, é estabelecida a relativa sanção;
2) é estabelecida, se bem que dentro de certos termos, a medida da sanção;
3) são estabelecidas pessoas encarregadas de efetuar a execução.

Como se vê, trata-se de limitações que tendem a disciplinar o fenômeno da sanção espontânea e imediata de grupo. Com a primeira limitação, assegura-se a certeza da resposta; com a segunda, a proporcionalidade; com a terceira, a imparcialidade. Todas as três limitações, juntas, têm como fim comum aumentar a eficácia das regras institucionais e, consequentemente, da instituição em seu conjunto. Atendo-nos a esses critérios, poderemos dizer que o caráter das normas jurídicas está no fato de serem normas, em confronto com as morais e sociais, com *eficácia reforçada*. Tanto é verdade que as normas consideradas jurídicas por excelência são as estatais, que se distinguem de todas as outras normas reguladoras da nossa vida porque têm o máximo de eficácia.

Entende-se que, mesmo na esfera do normativo com eficácia reforçada, existem várias fases, e haverá sempre aquela zona fronteiriça ou de passagem em que todo critério, e portanto também este, parece inadequado: a realidade é sempre mais rica do que qualquer esquema, e fique bem claro, uma vez mais, que aqui se propõem esquemas de classificação, e não definições de essências puras. Em particular, no âmbito do esquema aqui ilustrado, pode-se introduzir uma distinção entre pelo menos duas fases diversas de eficácia reforçada, segundo o órgão encarregado de executar a sanção seja a própria pessoa do ofendido ou uma pessoa diferente. Se chamamos de *tutela* o complicado processo da sanção organizada, podemos distinguir um processo de *autotutela*, que tem lugar quando o titular do direito de exercitar a sanção é o mesmo titular do direito violado, e um processo de *heterotutela*, que tem lugar quando os dois titulares são pessoas diferentes. O processo de autotutela assegura menos a igualdade proporcional entre violação e resposta, e, portanto, é substituído nos ordenamentos mais evoluídos pelo processo de heterotutela. O reconhecimento da vingança privada como sanção em certos ordenamentos primitivos dá lugar a um instituto de autotutela; à medida que se reforça o poder central em um ordenamento, a função da tutela das normas jurídicas é cada vez mais subtraída dos indivíduos e devolvida a órgãos diferentes das partes em conflito. O sistema da heterotutela substitui pouco a pouco o da autotutela. Só o sistema da heterotutela garante, além da maior eficácia, também uma maior proporção entre o dano e a reparação, e assim satisfaz melhor algumas exigências fundamentais de todo viver social, dentre as quais está certamente a *ordem*, para cuja manutenção basta a garantia de que as normas estabelecidas se façam valer. Mas está presente também, e sobretudo, a *igualdade de tratamento*, que é mais bem assegurada quando a sanção é atribuída a um órgão *super partes*.

5.7. A adesão espontânea

Naturalmente, a ideia sustentada aqui, de que é útil para delimitar o âmbito da noção de direito levar em conta o tipo de resposta que os diversos ordenamentos dão à violação das regras de conduta, não pode ser aceita por todos aqueles que negam à sanção o caráter de elemento constitutivo da noção do direito, e consideram, ao contrário, a sanção como um elemento secundário. Sobre o problema da sanção foram derramados rios de tinta pelos clássicos, quase poderiam ser diferenciados os filósofos do direito do passado e do presente em duas grandes fileiras, das quais uma é aquela dos "sancionistas" e a outra a dos "não sancionistas". Talvez não haja problema da filosofia do direito que tenha atraído maiores e mais ferozes discussões, e que tenha sido objeto de maiores indagações e reflexões.

Aqui, limitamo-nos a expor os principais argumentos que são sustentados pelos não sancionistas, e a mostrar de que modo, segundo a nossa concepção, tais argumentos podem ser superados.

O primeiro argumento é o da *adesão espontânea*. A sanção, afirma-se, não é elemento constitutivo do direito, porque um ordenamento jurídico conta, antes de tudo, com a adesão espontânea às suas regras, isto é, com a obediência não por temor das consequências desagradáveis de uma eventual violação, mas por consenso, ou convenção, ou mero hábito, de qualquer forma, por motivos que não pressupõem a possível movimentação do mecanismo da sanção. O que seria de nós, observa-se, caso um ordenamento jurídico não pudesse contar de algum modo com o consenso dos seus membros? Como poderia ser eficaz, se a eficácia devesse ser obtida somente com a força? Tese semelhante apoia-se na constatação de que, na maioria dos casos, a ação dos cidadãos é conforme as regras de conduta estabelecidas pelo ordenamento jurídico, e que os casos de violação não são a regra, mas a exceção.

Esse primeiro argumento não é muito sólido. Ninguém desconhece o fato da adesão espontânea, mas esse fato não exclui um outro, de que há, historicamente, ordenamentos nos quais a adesão espontânea não parece garantia suficiente, e portanto, compõem com outras regras os meios para corrigir essa eventual falta de adesão. Pode-se dizer que, nesses ordenamentos, certamente a adesão espontânea é necessária, mas não ainda suficiente. O problema de fundo é se, eliminada a adesão espontânea, a regra permanece violada, ou se há uma resposta à violação e com quais meios ela é regulada. Em outras palavras, o problema não é se a sanção é necessária sempre, mas se é necessária nos casos em que deve ser aplicada, isto é, nos casos de violação. Um ordenamento normativo em que não houvesse nunca necessidade de recorrer à sanção e fosse sempre seguido espontaneamente seria tão diferente dos ordenamentos históricos que costumamos chamar de jurídicos, que ninguém ousaria ver ali realizada a ideia de direito, sinal evidente de que a adesão espontânea acompanha a formação e a perduração de um ordenamento jurídico, mas não o caracteriza. Kelsen (1952a, p. 19) justamente observa:

> Se o ordenamento social não devesse mais ter no futuro o caráter de ordenamento coercitivo, se a sociedade devesse existir sem "direito", então a diferença entre esta sociedade do futuro e a do presente seria incomensuravelmente maior do que a diferença entre os Estados Unidos e a antiga Babilônia, ou entre a Suíça e a tribo dos Ashanti.

Concluindo, quem sustenta ser a sanção organizada o caráter distintivo dos ordenamentos jurídicos não nega a eficácia das regras desse ordenamento por meio da simples adesão espontânea; afirma que o ordenamento conta, *em última instância*, com a eficácia obtida por meio do aparato das sanções.

Os defensores da adesão espontânea poderiam replicar com o argumento "filosófico" segundo o qual o homem, sendo livre por sua natureza, não pode ser constrangido, e portanto também a obediência obtida por meio da sanção é sempre uma obediência livre, fundada no consenso, e, como tal, indistinguível daquela denominada espontânea. Os que desejarem se valer desse argumento o encontrarão exposto com a máxima clareza por Croce (1909, p. 310), que, precisamente a propósito da coação como elemento constitutivo do direito, diz:

> Nenhuma ação pode jamais ser constrangida; toda ação é livre, porque o Espírito é liberdade: poderá, em um determinado caso, não se encontrar a ação que se havia imaginado, mas uma ação constrangida é uma coisa que não se entende, porque os dois termos são incompatíveis.

Admitamos ainda, nota Croce, que a inobservância seja seguida da pena, mas também a pena sempre encontra diante de si a liberdade do indivíduo: "Para evitar a pena, ou sua renovação, este poderá, livremente, observar a lei; mas isso não impede que possa, também livremente, rebelar-se".

Pode-se sustentar que também a obediência obtida por uma ameaça de sanção seja definitivamente fundada no consenso, desde que se coloque de um ponto de vista tão alto (aquele que se chama geralmente ponto de vista "especulativo"), que não se consiga mais ver as diferenças de grau, que, aliás, são as únicas diferenças que nos interessam nesta sede. Admitamos que o consenso e a força não podem se distinguir com um corte preciso, e que um mínimo de consenso seja sempre necessário também ali onde parece que a ação é constrangida ao máximo. A distinção empírica entre adesão livre e adesão forçada permanece. A adesão forçada requer um aparato de órgãos e de funções que se sobrepõe a um certo sistema normativo e o completa. Esse aparato tem um certo objetivo, que é o de reforçar a eficácia das normas, e produz um certo efeito, que é o de obter a obediência mesmo nos casos em que o cidadão resiste. Ora, é a presença desse aparato que distingue um ordenamento de um outro, quaisquer que sejam as consequências que esse aparato tenha sobre o modo em que se manifeste a obediência. Se a adesão dada por consenso e a dada por força podem parecer indistinguíveis para quem olha o problema preocupado com a liberdade do Espírito, aparecem distintas, e muito claramente distintas, a quem se propõe o objetivo de estudar os meios pelos quais o consenso é obtido e deles retirar elementos indicativos para caracterizar diversos tipos de ordenamentos normativos.

5.8. Normas sem sanção

O argumento mais comum e também mais fácil contra a teoria que vê na sanção um dos elementos constitutivos de um ordenamento jurídico é o que se funda na presença, em todo ordenamento jurídico, de normas não garantidas por sanção. Não há dúvida de que existem, em todo ordenamento jurídico, normas de que ninguém saberia indicar qual é a consequência desagradável imputada em caso de violação. Não há jurista que não possa citar um certo número delas tanto no direito privado quanto, e sobretudo, no direito público. No campo do direito privado toma-se, por exemplo, uma norma como o antigo art. 315 do Código Civil italiano: "O filho, qualquer que seja sua idade, deve honrar e respeitar os genitores".[15] No direito público, os exemplos são mais numerosos, tanto que em um texto constitucional, pelo menos na parte que diz respeito à organização dos poderes do Estado, prevalecem as normas não sancionáveis sobre as sancionáveis. Allorio citou, em uma discussão sobre a sanção que veremos mais tarde, o art. 154 do antigo Código de Processo Penal italiano, que parece feito de propósito para mover o moinho dos que negam a sanção: "Os magistrados, os secretários, os oficiais e agentes de polícia são obrigados a observar as normas estabelecidas neste Código, ainda quando a *inobservância não importe em nulidade ou em outra sanção particular*". Nesse artigo, o próprio legislador parte do pressuposto de que possam existir normas não sancionadas; em outras palavras, a presença de normas não sancionadas não é somente um fato evidenciado pela doutrina, mas uma hipótese acolhida pelo próprio legislador, uma hipótese a que o legislador anexa certas consequências (ou melhor, a ausência de certas consequências).

A presença de normas não sancionadas em um ordenamento jurídico é um fato incontestável. A solução para essa dificuldade, por parte de quem considera a sanção como elemento constitutivo do direito, não é certamente a de negar o fato. O fato é o que é. Trata-se, quando muito, de ver como esse

15. Artigo alterado pela reforma do Direito de Família de 1975.

fato pode ser acolhido e justificado em uma teoria do direito como conjunto de regras com sanção organizada. Uma saída seria a de negar às normas não sancionadas o caráter de normas jurídicas. Mas é uma solução radical, desnecessária. A dificuldade pode ser resolvida por um outro modo, isto é, observando que, quando se fala em uma sanção organizada como elemento constitutivo do direito, referimo-nos não às normas singulares, mas *ao ordenamento normativo tomado no seu conjunto*, razão pela qual, dizer que a sanção organizada distingue o ordenamento jurídico de todo outro tipo de ordenamento não implica que *todas* as normas desse sistema sejam sancionadas, mas apenas que o seja *a maior parte*. Quando eu me coloco frente a uma norma singular e me pergunto se é ou não uma norma jurídica, o critério da juridicidade não é certamente a sanção, mas a pertinência ao sistema, ou a *validade*, no sentido já aclarado de referibilidade da norma a uma das fontes de produção normativa reconhecidas como legítimas. A sanção tem relação não com a validade, mas com a eficácia, e já vimos que uma norma singular pode ser válida sem ser eficaz (ver p. 45 ss. e 49).

Compreende-se que o legislador tende a produzir normas, além de válidas, eficazes, mas pode-se observar que, ali onde topamos com normas não providas de sanções, encontramo-nos geralmente frente a estes dois casos típicos:

1) ou se trata de normas cuja eficácia, dada a sua reconhecida oportunidade ou correspondência à consciência popular ou, em uma palavra expressiva, dada a sua justiça, é consentida à adesão espontânea, razão pela qual a sanção é considerada inútil;
2) ou então, trata-se de normas estabelecidas por autoridade tão alta na hierarquia das normas, que se torna impossível, ou pelo menos pouco eficiente, a aplicação de uma sanção.

Em ambos os casos, a falta de sanção não depende de um defeito do sistema no seu conjunto, mas de circunstâncias específicas das normas singulares, circunstâncias que tornam, naquele determinado caso, e só nele, ou *inútil* ou *impossível* a aplicação de uma sanção, sem que, por outro lado, seja afetado o princípio que inspira o acionamento do mecanismo da sanção, ou seja, o princípio da eficácia reforçada, que vale quando essa eficácia reforçada é possível, e quando, sendo possível, é também necessária ou, pelo menos, particularmente útil.

Esse segundo caso, isto é, das normas superiores na hierarquia normativa, como se trata das normas constitucionais, merece uma consideração particular, porque é um pouco "o cavalo de batalha" dos não sancionistas, para quem parece estranho, para não dizer absurdo, que careçam de sanções justamente as normas mais importantes do sistema. Na realidade, para nós, essa ausência de sanções no vértice do sistema não parece absurda, mas, ao contrário, de todo natural. A aplicação da sanção pressupõe um aparato coercitivo, e o aparato coercitivo pressupõe o poder, isto é, uma carga de força imperativa, ou se for preferível, de autoridade, entre aquele que estabelece a norma e aquele que deve obedecer a ela. É, portanto, de todo natural que, conforme passamos das normas inferiores às superiores, nos aproximemos das fontes do poder, e por isso a carga de autoridade entre quem estabelece a norma e quem deve segui-la diminui, o aparato coercitivo perde vigor e eficiência, até que, chegando às fontes do próprio poder, isto é, ao poder supremo (como o que se denomina "constituinte"), uma força coercitiva não é absolutamente mais possível, pela contradição que não o consente, ou seja, porque se essa força existisse, aquele poder não seria mais supremo.

O problema da relação entre direito e força é muito complexo, e agora não é o momento de aprofundá-lo. Aqui basta-nos dizer que, ao passar das normas inferiores de um ordenamento às superiores, passamos da fase em que a força é dirigida a *aplicar* o direito àquela em que serve para *produzi-lo*, e, portanto, passamos do conceito de força como sanção de um direito já estabelecido (isto é, meio para tornar o direito eficaz) ao conceito de força como produção de um direito que deve valer no futuro. Nessa passagem dos planos mais baixos aos planos mais altos de um ordenamento acontece, pouco a pouco, uma inversão das relações entre direito e força, sem que seja possível precisar em que ponto essa inversão ocorra: nos planos mais baixos, *a força está a serviço do direito*; nos planos mais altos, *o direito está a serviço da força*. Com outra expressão, podemos dizer que, olhando um ordenamento jurídico de baixo para cima (e é esse o ponto de vista mais genuinamente jurídico, isto é, próprio do jurista), vemos um poder coercitivo voltado a fazer que um conjunto de regras seja obedecido; olhando de cima para baixo (e é esse o ponto de vista mais propriamente político), vemos um conjunto de regras destinadas a fazer que um poder possa se exercitar.

Se as coisas são desse modo, o fato de que as normas superiores não são sancionadas é natural também por uma outra razão, ainda mais decisiva, não mais por uma razão de fato (a impossibilidade de constranger com a força quem detém a própria fonte da força), mas por uma razão de direito: quando aqueles que agem no ápice do poder agem de modo não conforme a uma norma do sistema, esse seu comportamento não é a *violação* de uma norma precedente, mas a *produção* de uma norma nova, isto é, uma modificação do sistema, e, portanto, cai como improponível o problema da sanção, a qual pressupõe um ilícito. Em suma, não se afirma que um comportamento desconforme seja sempre um ilícito, pode ser a posição de uma nova licitude, em que a sanção é juridicamente impossível. Imaginemos um exemplo extremo: o art. 139 da Constituição italiana, como é sabido, indica um limite normativo ao mesmo poder constituinte estabelecendo que "a forma republicana não pode ser objeto de revisão constitucional". O que aconteceria se uma assembleia constituinte violasse esse artigo? Haveria pura e simplesmente a instauração de uma nova Constituição.

O que se disse até aqui sobre normas superiores do ordenamento não deve levar a crer que o direito público em geral seja um direito não sancionado. Ao contrário, deve-se dizer que, se uma tendência se revelou na evolução do direito público europeu, foi no sentido de uma sempre menor diferenciação entre direito privado e direito público, relativamente ao problema da sanção. O "Estado de direito" avançou e continua a avançar à medida que se substituem os poderes arbitrários pelos juridicamente controlados, os órgãos irresponsáveis pelos órgãos juridicamente responsáveis; enfim, à medida que o ordenamento jurídico organiza a resposta às violações que provêm não só dos cidadãos privados, mas também dos funcionários públicos. Poder-se-ia assinalar uma das tantas diferenças entre Estado de polícia e Estado de direito acentuando-se a extensão do mecanismo da sanção desde a base, sempre subindo, até o vértice, o que é também uma confirmação da importância da sanção com fins de estabelecer as características diferenciadoras do ordenamento jurídico. A evolução do ordenamento jurídico exprime-se não na restrição, mas na ampliação do aparato sancionatório. Somos inclinados a considerar um ordenamento tão mais "jurídico" (o Estado de direito é um Estado no qual o controle jurídico foi se ampliando, e por isso é mais "jurídico" do que um Estado de polícia) quanto mais a técnica da sanção vai se aperfeiçoando.

5.9. Ordenamentos sem sanção

Há, porém, uma objeção mais grave. Até aqui, nós nos defendemos frente à objeção fundada na constatação de normas sem sanção em um ordenamento jurídico. E nos defendemos, atente-se, sustentando que o que conta para os fins da teoria da sanção não é mais que todas as normas singulares pertencentes a um sistema sejam sancionadas, mas que o sejam a maior parte, ou, em outras palavras, que o ordenamento recorra à técnica da sanção institucionalizada, mesmo que depois essa técnica desapareça em alguns casos. Respondemos, em suma, passando da norma singular ao ordenamento como conjunto de normas. Mas essa resposta, os não sancionistas rechaçam, afirmando que existem ordenamentos inteiros que, mesmo denominando-se jurídicos, carecem completamente da institucionalização da sanção. Frente a essa objeção, a resposta dada no tópico precedente não serve mais. O exemplo característico que se costuma dar de ordenamento jurídico sem sanção institucionalizada é o *ordenamento internacional*. Se o ordenamento internacional, afirma-se, é um ordenamento jurídico, como se pode ainda falar em direito e sanção como dois termos indissolúveis? Em geral, essa objeção é uma das consequências da teoria institucional do direito e da reconhecida pluralidade dos ordenamentos jurídicos. Admite-se que a correlação entre direito e sanção pudesse ser acolhida enquanto não se reconhecia outro ordenamento jurídico além do estatal. Ampliada a noção de ordenamento jurídico por meio da teoria da instituição, seriam jogados na rede tantos outros ordenamentos em que essa correlação entre direito e sanção não aparece mais, ou pelo menos não aparece com a mesma evidência que aparecia quando o único ordenamento jurídico considerado era o estatal.

Não achamos que também essa objeção seja insuperável. Certamente a característica aqui ilustrada da sanção organizada tem uma função limitativa, serve para circunscrever na categoria das instituições ou dos ordenamentos normativos aqueles a que se considera mais apropriado reservar o nome de "jurídicos", e evita, portanto, a identificação, que não apresenta vantagens para fins de uma melhor compreensão do fenômeno jurídico, de sistema normativo em geral e sistema jurídico. Mas acrescente-se que essa delimitação não é tal que possa reduzir, mais uma vez, o ordenamento jurídico somente ao ordenamento estatal. Na definição de ordenamento com eficácia reforçada mediante a organização da sanção, entram perfeitamente instituições como a da máfia, das sociedades secretas, da cavalaria com seu código cavalheiresco, que é essencialmente um conjunto de regras de procedimento, e, em geral, todas as associações que se organizam sobre a base do poder de expulsão (e de outras sanções menores) nos confrontos dos sócios transgressores.

Pelo que diz respeito ao ordenamento internacional, haveria, como no caso das normas não sancionadas, a escapatória de não considerá-lo um ordenamento jurídico. Encontramo-nos frente a uma questão de palavras, e por conseguinte frente a uma questão de mera oportunidade. É um fato, porém, que a expressão "direito internacional" entrou em uso e, portanto, é aconselhável servir-se de uma acepção do termo "direito" tão ampla a ponto de incluir também o ordenamento internacional. Mas é realmente certo que o caráter da sanção organizada, uma vez acolhido, acabaria por excluir das coisas conotadas pelo termo "direito" o ordenamento internacional?

Sem adentrarmos na questão da juridicidade do direito internacional, que nos seja permitido aqui repetir o que tivemos ocasião de dizer anteriormente, isto é, que o direito internacional nasceu ao mesmo tempo que a regulamentação da guerra, ou seja, com a consciência, por parte dos membros da comunidade estatal, da natureza sancionatória da guerra e, por consequência, da necessidade de indicar os limites com regras concordantemente aceitas, isto é, nasceu junto com a institucionalização da guerra como sanção. Além disso, é tese aceita por alguns internacionalistas que o direito internacional tenha também as suas sanções e preveja o modo e a medida do seu exercício. A violação de uma norma internacional por parte de um Estado constitui um ilícito. Porventura, no ordenamento internacional um ilícito não importa consequência alguma? O que são as represálias e, nos casos extremos, a guerra, senão uma *resposta à violação*, isto é, a resposta à violação que é possível e legítima naquela sociedade peculiar que é a sociedade dos Estados? Ora, em relação a essa resposta à violação, não há mais do que duas possibilidades: ou a resposta é livre ou é, por sua vez, regulada e controlada por outras normas pertencentes ao sistema. A primeira possibilidade é a que se realiza no hipotético estado de natureza; a segunda é a que encontra aplicação na comunidade internacional por meio da regulamentação do direito de represália e de guerra. Logo, também o ordenamento internacional é um ordenamento jurídico no sentido preciso em que se fala de ordenamento jurídico como ordenamento com sanção regulada.

Se existe uma diferença entre ordenamento internacional e outros ordenamentos, como, por exemplo, o ordenamento estatal, ela não reside na ausência de uma sanção regulada, porém, quando muito, somente no modo como é regulada.

Mas trata-se, então, de diferença não principal, porém secundária. Para acolher essa diferença em relação ao modo de exercício da sanção, devemos retomar a distinção, apresentada no tópico 5.6 (ver p. 157), entre *autotutela* e *heterotutela*, isto é, entre a sanção aplicada pela própria pessoa do ofendido e a sanção aplicada por pessoa diversa, *super partes*. Se considerarmos, por exemplo, a represália como exercício de uma sanção, não há dúvida de que se trata de resposta à violação dada pelo mesmo Estado que sofreu as consequências de um ato ilícito de um outro Estado, ou seja, de um ato de autotutela. Por conseguinte, podemos dizer, em geral, que todo ordenamento internacional, diversamente do estatal, é fundado sobre o princípio da autotutela e que, portanto, o que diferencia o ordenamento internacional do estatal não é a ausência ou presença de sanções organizadas, mas a organização da sanção por meio da autotutela ou da heterotutela. Que o instituto da autotutela seja manifestação de uma sociedade menos organizada do que aquela em que vigora o princípio da heterotutela importa em uma diferença não de substância, mas de grau, entre o ordenamento internacional e o estatal, diferença, aliás, que ninguém jamais negou.

5.10. As normas em cadeia e o processo ao infinito

Examinemos uma quarta objeção: é a objeção conhecida como a do processo ao infinito, e que se encontra formulada, por exemplo, em Thon (1951, p. 15), com estas palavras:

> Qualquer atribuição de direitos, inclusive a que é provida pela mais enérgica coação com uma pena e com um ressarcimento no caso da sua violação, repousa, no fundo, somente sobre um complexo de imperativos, dos quais o sucessivo tem sempre por condição a desobediência do precedente, mas o *último, quando é transgredido, permanece em todo caso privado de consequências.* O sistema jurídico inteiro consta, portanto, de normas. Ora, se deseja-se fazer pouco caso da norma como tal, que se faça: mas, então, a todo o direito atribuir-se-á um escasso valor. Pois é impossível que uma norma por si só impotente adquira energia *só porque no caso da sua transgressão a ela conecte-se uma outra norma potente.*

Essa objeção encontra-se repetida sucessivamente inúmeras vezes. Formulemo-la de modo mais sintético com nossas palavras: se é verdadeiro que uma norma é jurídica apenas se é sancionada, também a norma que estabelece a sanção será jurídica somente se for sancionada, e, na sequência, a norma que sanciona a primeira norma sancionadora, para ser jurídica, deverá se remeter, por sua vez, a uma nova norma sancionadora. Chegaremos, obrigatoriamente, a um ponto em que haverá uma norma sancionadora que não será, por sua vez, sancionada. Podemos, com outras palavras, exprimir o mesmo conceito deste modo: a norma primária pressupõe a norma secundária, mas essa norma secundária é, por sua vez, norma primária em relação à própria norma sancionadora, que é secundária em relação a esta e terciária em relação à primeira, mas também a norma terciária pressupõe uma norma ulterior etc. etc. Chegaremos a um ponto em que uma norma é apenas secundária, e não também primária, isto é, a um ponto em que, visto que não se pode proceder ao infinito, haverá uma norma que não tem além de si uma sanção que a garanta, e permanece, por isso, no sistema, como norma não sancionada. Essa objeção tende a demonstrar que, por mais que o sistema da sanção organizada estenda-se, não pode englobar todas as normas e, portanto, a falta de sanções não é somente resultante de uma constatação de fato, mas também de uma razão implícita no próprio sistema.

Essa objeção, embora sugestiva, não traz argumentos novos em favor da tese dos não sancionistas. Pode-se, de fato, responder a essa objeção recorrendo aos contra-argumentos expostos no tópico 5.7 (ver p. 160).

Por um lado, de fato, ela nos diz que em todo ordenamento, ainda que se admita a organização da sanção, também na forma mais ampla, haverá sempre normas que não são sancionadas. Mas aqui, podemos responder como dissemos no tópico 5.8 (ver p. 163), que a presença de normas singulares não sancionadas não importa em recusa da tese sancionista, que se funda na presença do mecanismo da sanção no ordenamento tomado no seu conjunto. Por outro lado, ela nos mostra que as normas não sancionadas emergem à medida que se procede das normas inferiores às normas superiores. Mas também a esse argumento já respondemos no mesmo tópico, apresentando anteriormente o fato de que, se a sanção implica a presença de um aparato coercitivo, a presença do aparato coercitivo implica, em última instância, a presença de um poder de coação que não pode ser, por sua vez, constrangido, e que, portanto, a existência de normas não sancionadas no vértice do sistema é o efeito da inversão da relação força-direito que se verifica na passagem das normas inferiores às normas superiores.

Além de tudo isso, pode-se ainda objetar se não há uma contradição ao se considerar, por um lado, que a sanção seja elemento constitutivo do direito e, por outro, que faltam sanções precisamente nas normas superiores do ordenamento, as que deveriam garantir a eficácia de todo o sistema. Se a objeção que estamos examinando neste tópico apresenta algum interesse em relação aos precedentes, é justamente por indicar com mais clareza essa contradição. Consideramos que se possa resolvê-la retomando o que foi dito sobretudo no tópico 5.7 (ver p. 160). Por mais que um ordenamento tenda a reforçar a eficácia das próprias normas organizando a coação, não está excluído que ele confie também na adesão espontânea. Aqui, acrescentemos que a eficácia direta, isto é, a que deriva da adesão espontânea, não apenas não está excluída, mas é de fato indispensável. As normas cuja aplicação é certamente confiada à adesão espontânea são justamente as normas superiores do sistema. Ora, um sistema em que todas as normas superiores devessem ser garantidas pela sanção não só é juridicamente impossível (e realmente é sempre válida a pergunta "*Quis custodiet custodes?*" ["Quem governará os que governam?"], mas é também impossível de fato, porque significaria que aquele ordenamento estaria fundado somente na força.

O problema das relações entre *força* e *consenso* é tão complexo quanto o das relações entre força e direito, a que já aludimos. E não é o caso de fazer disso uma análise minuciosa. Limitaremo-nos a dizer isto: força e consenso são os dois fundamentos do poder. Podemos muito bem propor a hipótese de um poder fundado somente na força e de um poder fundamentado só no consenso. Efetivamente, os jusnaturalistas, quando elaboraram a teoria contratualista do Estado, imaginavam um Estado fundado exclusivamente no livre acordo dos cidadãos, e o contrapunham aos Estados despóticos, em que se assumia que o direito era a expressão da vontade do mais forte. Bastará ler as primeiras páginas de *O Contrato*

Social de Rousseau para convencer-se da persistência dessa contraposição. Mas se prescindirmos dessa contraposição puramente teórica e olharmos sem preconceito a realidade histórica, perceberemos que força e consenso mesclam-se, e que não há Estado tão despótico que não se fie também no consenso (pelo menos, com a fidelidade dos seus acólitos, o déspota deve poder contar), nem Estado fundado no contrato que não tenha necessidade da força para manter os dissidentes contidos. Os Estados históricos distinguem-se entre eles pela maior ou menor medida de força e de consenso. Quando se falou, como se fez até aqui, do aparato da coação para tornar eficaz um ordenamento normativo, sempre se ateve o olhar nos Estados históricos, nos quais está também sempre presente, junto à força, um mínimo de consenso. Ora, a presença de normas superiores não sancionadas nada faz além de refletir esta situação histórica: as normas não sancionadas representam aquele mínimo de consenso sem o qual nenhum Estado poderia sobreviver.

CAPÍTULO 6

CLASSIFICAÇÃO DAS NORMAS JURÍDICAS

6.1. Normas gerais e singulares

Entre as normas jurídicas são possíveis muitas distinções. Todos os tratados de filosofia do direito e de teoria geral do direito examinam um certo número delas. Aqui, porém, comecemos por fazer uma primeira distinção sobre os próprios critérios de distinção. Há distinções que se referem ao conteúdo das normas, por exemplo, aquela entre normas materiais e normas processuais, ou entre normas de comportamento e normas de organização. Outras distinções referem-se ao modo por meio do qual as normas são estabelecidas, como aquela entre as normas consuetudinárias e as legislativas. Outras, ainda, referem-se aos destinatários, como aquela entre as normas primárias e as secundárias. Outras referem-se à natureza e à estrutura da sociedade regulada, como, por exemplo, a distinção entre normas de direito estatal, canônico, internacional, familiar etc.

Todas essas distinções não nos interessam neste domínio, mesmo porque são frequentemente examinadas, de tempos em tempos, nos textos das disciplinas jurídicas singulares, por ocasião da abordagem dos problemas que lhes estão relacionados. Neste domínio, o de uma teoria geral do direito, interessa-nos, e logo nos importa, examinar apenas um critério, o *formal*. Chamo de critério formal, para distinguir dos vários critérios materiais, o que se relaciona exclusivamente à *estrutura lógica* das proposições prescritivas. Para desenvolver este discurso, serviremo-nos de algumas distinções fundamentais e tradicionais referentes às proposições descritivas que estenderemos às proposições normativas.

Uma distinção elementar, que se encontra em todos os tratados de lógica, é aquela entre *proposições universais* e *proposições singulares*. Chamam-se *universais* as proposições em que o sujeito representa uma classe composta por vários membros, como por exemplo: "Os homens são mortais"; *singulares*, aquelas em que o sujeito representa um sujeito singular, como por exemplo: "Sócrates é mortal". Essa distinção tem particular relevância na classificação das normas jurídicas. Poderíamos dizer, em geral, que uma primeira classificação das normas jurídicas – uma classificação, repito, puramente formal –, é aquela entre *normas universais* e *normas singulares*.

Para ser útil, essa primeira distinção tem, contudo, necessidade de ser ulteriormente especificada. Em relação às normas jurídicas, ela tem na realidade uma dúplice aplicação, sobre a qual devemos nos deter brevemente.

Toda proposição prescritiva, e portanto também as normas jurídicas, é formada de dois elementos constitutivos e, portanto, imprescindíveis: o *sujeito*, a quem a norma se dirige, ou seja, o *destinatário*, e o *objeto* da prescrição, ou seja, a *ação prescrita*. Mesmo na mais simples das prescrições, como, por exemplo, "Levante-se", distinguem-se um destinatário-sujeito e uma ação-objeto. Não se pode pensar em uma prescrição que não se dirija a alguém e que não regule um certo comportamento. Se nós considerarmos uma norma jurídica qualquer, poderemos constatar a presença desses dois elementos, ou melhor, diríamos que o primeiro passo para interpretar uma norma jurídica seria o de perceber a quem ela se dirige e qual comportamento estabelece. Ora, tanto o destinatário-sujeito quanto a ação-objeto podem se apresentar, em uma norma jurídica, sob forma universal e sob forma singular. Em outras palavras, tanto o destinatário quanto o objeto podem figurar em uma proposição com sujeito universal e com sujeito singular. Desse modo, obtêm-se não dois, mas quatro tipos de proposições jurídicas, ou seja, *prescrições com destinatário universal, prescrições com destinatário singular, prescrições com ação universal* e *prescrições com ação singular.*

Exemplo das primeiras: "O mandatário é obrigado a executar o mandato com a diligência do bom pai de família [...]" (art. 1.710 do Código Civil italiano). Exemplo das segundas: a sentença do tribunal com a qual, com base no art. 155 do Código Civil italiano, é ordenado ao cônjuge de quem foi pronunciada a separação manter consigo os filhos e prover o seu sustento, sua educação e sua instrução. Exemplo das terceiras: "O marido tem o dever de proteger a mulher, de mantê-la consigo e de proporcionar-lhe tudo o que for preciso às suas necessidades em proporção aos seus rendimentos." (art. 145 do Código Civil italiano[16]). Exemplo das quartas: com base no art. 210 do Código de Processo Civil italiano, o juiz instrutor ordena, sob pedido de uma parte, à outra parte, a exibição em juízo de um documento cuja obtenção julgue necessária ao processo. A diferença entre o primeiro exemplo e o segundo está no seguinte: o mandatário a quem se dirige a norma do Código Civil não é uma pessoa determinada, um indivíduo concreto, mas uma classe de pessoas, e portanto a norma volta-se simultaneamente a todos aqueles que adentram naquela classe; o destinatário a quem se dirige o juiz ou tribunal para ordenar-lhe manter consigo o filho é um indivíduo concreto, *singularizado*, e a relativa norma dirige-se a ele apenas e a nenhum outro. Quanto à diferença entre o terceiro e o quarto exemplos, pode-se dizer que a ação prevista e regulada pelo art. 145 do Código Civil italiano é uma ação-tipo que não se exaure na execução, *una tantum*, mas se repete no tempo e vale para todos aqueles comportamentos que podem ser enquadrados na ação-tipo; a ação prevista pelo artigo 210 do Có-

16. Artigo alterado pela reforma do Direito de Família de 1975.

digo de Processo Civil italiano é uma ação singular, ou seja, a exibição daquele particular documento, e, uma vez cumprida, a norma perde a sua eficácia.

6.2. Generalidade e abstração

Com essa especificação posterior, a distinção entre normas universais e normas singulares nos introduz na velha doutrina, que se encontra em todos os manuais, acerca da *generalidade* e da *abstração* das normas jurídicas e nos ajuda a ver os limites e os defeitos da doutrina. De fato, a doutrina da generalidade e da abstração das normas jurídicas é, por um lado, imprecisa, porque não esclarece com frequência se os dois termos, "geral" e "abstrato", são usados como sinônimos ("as normas jurídicas são gerais *ou* abstratas"), ou então, como tendo dois significados diferentes ("as normas jurídicas são gerais *e* abstratas"). Por outro lado, é insuficiente e francamente leva-nos para a direção errada, porque, colocando em evidência os requisitos da generalidade e da abstração, faz crer que não haja normas jurídicas individuais e concretas.

A classificação feita no tópico precedente permite-nos uma distinção mais precisa e mais completa das normas jurídicas. Em vez de usar indiscriminadamente os termos "geral" e "abstrato", julgamos oportuno chamar de "gerais" as normas que são universais em relação aos destinatários, e "abstratas" aquelas que são universais em relação à ação. Assim, aconselhamos falar em *normas gerais* quando nos encontramos frente a normas que se dirigem a uma classe de pessoas, e em *normas abstratas* quando nos encontramos frente a normas que regulam uma ação-tipo (ou uma classe de ações). Às normas gerais contrapõem-se as que têm por destinatário um indivíduo singular, e sugerimos chamá-las de *normas individuais*; às normas abstratas contrapõem-se as que regulam uma ação singular, e sugerimos chamá-las de *normas concretas*. A rigor, o termo "norma concreta" não é muito apropriado, na medida em que a palavra "norma" faz pensar em uma regulamentação continuada de uma ação, e, portanto, é mais apta para designar apenas as normas em abstrato. As normas concretas poderiam ser chamadas mais apropriadamente de *ordens*. Vimos, precedentemente, a repugnância de alguns em considerar comandos as normas jurídicas pelo fato de que o termo "comando" parece se referir apenas a prescrições com destinatários determinados, disso seria possível tirar inspiração para chamar de *comandos* as normas individuais. Desse modo, poderia ser proposta uma classificação fundamentada sobre as duas seguintes dicotomias: *normas gerais e comandos*, e *normas abstratas e ordens*.

Não desejamos, contudo, atribuir muita importância às questões de denominações. A esse propósito, o ponto mais importante é que essa quadripartição ajuda-nos a escapar da doutrina tradicional segundo a qual as características das normas jurídicas seriam a generalidade e a abstração. Se observarmos realisticamente um ordenamento jurídico, não poderemos deixar de notar que contém, ao lado das normas gerais e abstratas, comandos e ordens. Com isso, não se deseja dizer que as prescrições de um ordenamento jurídico sejam de igual importância. Uma classificação não é uma graduação. Deseja-se apenas precisar, para corrigir uma doutrina corrente (em declínio), que ao lado das prescrições gerais e abstratas, encontram-se as individuais e concretas, e portanto não se podem elevar os requisitos da generalidade e da abstração, ou os dois juntos, a *requisitos essenciais* da norma jurídica.

Julgamos que a consideração da generalidade e abstração como requisitos essenciais da norma jurídica tenha uma origem *ideológica*, e não *lógica*, isto é, julgamos que por trás dessa teoria haja um juízo de valor do tipo: "É bom (é desejável) que as normas jurídicas sejam gerais e abstratas". Em outras palavras, pensamos que a generalidade e a abstração sejam requisitos não da norma jurídica tal como é, mas do que deveria ser para corresponder ao ideal de justiça, no qual todos os homens são iguais, todas as ações são certas, isto é, são requisitos *não tanto da norma jurídica* (ou seja, da norma válida em um certo sistema), *mas da norma justa*.

Em particular, quais são os *valores* em que se inspira a teoria da generalidade e da abstração? Com relação a uma prescrição individual, uma prescrição geral é julgada como mais apropriada para realizar um dos fins fundamentais a que todo ordenamento jurídico deveria tender: a *igualdade*. Não se afirmou que toda norma individual constitua um privilégio, mas é certo que os privilégios são estabelecidos por meio de normas individuais. A principal garantia da máxima que se desejaria fosse o fundamento do nosso ordenamento jurídico, "A lei é igual para todos", é, indubitavelmente, a generalidade da norma, isto é, o fato de que a norma dirija-se não àquele ou a este cidadão, mas à totalidade dos cidadãos, ou então a um tipo abstrato de operador na vida social. Quanto à prescrição abstrata, ela é considerada como a única capaz de realizar um outro fim a que tende todo ordenamento civil: a *certeza*. Por "certeza" entende-se a determinação, de uma vez por todas, dos efeitos que o ordenamento jurídico atribui a um dado comportamento, de modo que o cidadão esteja em grau de saber, com antecedência, as consequências das próprias ações. Agora, essa exigência é satisfeita ao máximo quando o legislador não abandona a regulamentação dos comportamentos ao arbítrio do juiz, caso a caso, mas estabelece com uma norma a regulamentação de uma ação-tipo, de modo que ali adentrem todas as ações concretas inclusas naquele tipo. Assim como a generalidade da norma é garantia de igualdade, a abstração é garantia de certeza. Se refletirmos sobre o quanto tenha inspirado a moderna concepção do Estado de direito a ideologia da igualdade e da certeza frente à lei, não será mais difícil dar-se conta do estreitíssimo nexo intercorrente entre teoria e ideologia, e compreender, portanto, o valor ideológico da teoria da generalidade e da abstração, que tende não a descrever o ordenamento jurídico real, mas a prescrever regras para tornar o ordenamento jurídico excelente, aquele em que todas as normas fossem em seu conjunto gerais e abstratas.

Que um ordenamento todo composto por um conjunto de normas gerais e abstratas seja um ideal parece-me que possa ser confirmado pelo fato de que um tal ordenamento dificilmente poderia subsistir. Se admitirmos, como fizemos até aqui, que estabelecido um sistema de normas deve-se prever a sua violação, deveremos também admitir, ao lado das normas gerais e abstratas, normas individuais e concretas, não fosse exatamente para tornar possível a aplicação, em determinadas circunstâncias, das normas gerais e abstratas. Não há dúvida, por exemplo, de que a sentença em que o juiz condena um indivíduo a um determinado comportamento (por exemplo, ao ressarcimento de danos) seja uma norma, ao mesmo tempo, individual e concreta.

Na realidade, combinando-se os quatro requisitos, o da generalidade, o da abstração, o da individualidade e o da concretude, as normas jurídicas podem ser de quatro tipos: *normas gerais e abstratas* (desse tipo é a maior parte das leis, por exemplo, as leis penais); *normas gerais e concretas* (uma lei que declara mobilização geral volta-se a uma classe de cidadãos e ao mesmo tempo prescreve uma ação singular que, uma vez cumprida, exaure a eficácia da norma); *normas individuais e abstratas* (uma lei que atribui auma determinada pessoa um ofício, por exemplo, o de juiz da Corte constitucional, dirige-se a um só indivíduo e prescreve-lhe não uma ação singular, mas todas aquelas que são inerentes ao exercício da função); e *normas individuais e concretas* (o exemplo mais característico é fornecido pelas sentenças do juiz).

6.3. Normas afirmativas e negativas

Uma outra distinção tradicional da lógica clássica que pode ser aplicada às proposições prescritivas é aquela entre proposições afirmativas e negativas. Partindo-se de uma proposição qualquer, obtém-se outra com o uso variado do signo *não*. Até este momento, falamos de proposições afirmativas. Se agora partirmos da proposição afirmativa universal ("Todos os homens são mortais"), obteremos outras duas proposições, conforme neguemos universalmente ("Todos os homens não são mortais" ou "Nenhum homem é mortal"), ou então limitemo-nos a negar a universalidade ("Nem todos os homens são mortais" ou "Alguns homens não são mortais"). Se, enfim, combinarmos as negações, isto é, negarmos ao mesmo tempo universalmente e a universalidade, obteremos uma quarta proposição ("Nem todos os homens não são mortais" ou "Alguns homens são mortais").[17] Para indicar essas quatro proposições com termos fáceis de recordar, usamos os termos latinos: *omnis*, *nullus*, *non omnis* e *nonnullus* [respectivamente: tudo, não, nem todos e alguns]. Quanto às relações que ocorrem entre as quatro proposições, limitamo-nos a dizer que a segunda (*nullus*) é contrária à primeira (*omnis*); a terceira (*non omnis*) é a contraditória da primeira; a quarta (*nonnullus*) é a contraditória da segunda. Em outras palavras, toda proposição tem a sua contrária (que é uma oposição mais débil) e a sua contraditória (que é uma oposição mais forte). Designando com *X* a primeira, com *X não* a segunda, com *não X* a terceira e com *não X não* a quarta, as relações recíprocas entre as quatro proposições resultam na seguinte figura:

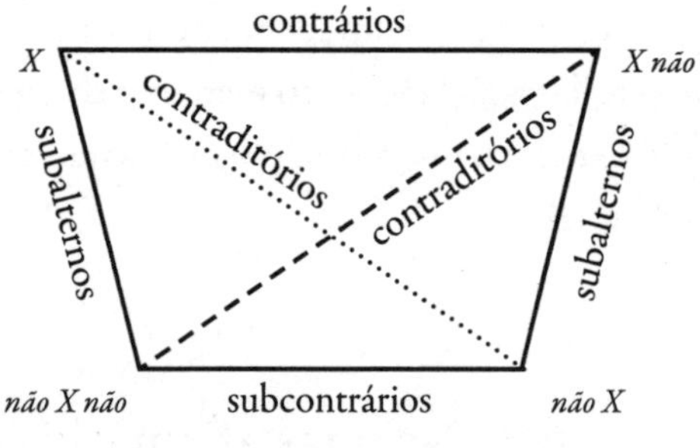

Diz-se que duas proposições são *contrárias* quando não podem ser ambas verdadeiras, mas podem ser ambas falsas; que são *contraditórias* quando não podem ser ambas verdadeiras nem ambas falsas; que são *subcontrárias* quando podem ser ambas verdadeiras, mas não podem ser ambas falsas; enfim, que são *subalternas* quando da verdade da primeira pode-se deduzir a verdade da segunda, mas da verdade da segunda não se pode deduzir a verdade da primeira (e, vice-versa, da verdade da primeira não se pode deduzir a verdade da segunda, mas da falsidade da segunda pode-se deduzir a falsidade da primeira). Entre dois contrários afirma-se que há relação de *incompatibilidade*; entre dois contraditórios, de *alter-*

17. Para este tópico valho-me sobretudo do ensaio de R. Blanchè, "Opposition et négation" ["Oposição e negação"], em *Revue Philosophique* [Revista Filosófica], 1955, p. 187-217.

nativa; entre dois subcontrários, de *disjunção*; entre o subalternante e o subalternado, de *implicação*.

Para aplicar o que foi dito às proposições prescritivas, partamos de uma prescrição afirmativa universal ("Todos devem fazer *X*"). Com o uso diverso do signo *não,* obtemos outros três tipos de prescrições: a segunda, negando universalmente, com o que gera uma prescrição do tipo "Ninguém deve fazer *X*"; a terceira negando a universalidade, com o que obtemos uma prescrição do tipo "Nem todos devem fazer *X*"; a quarta usando ambas as negações, em que obtemos "Nem todos devem não fazer *X*". O segundo tipo de prescrição, manifestamente, não é outra senão a prescrição negativa, ou, como de outro modo a chamamos, o imperativo negativo, isto é, a *proibição*. A terceira proposição é a que, enquanto isenta alguns do dever de fazer, permite a estes o de não fazer, e corresponde por isso àquela norma que chamamos de *permissiva negativa*. A quarta, finalmente, é a que, enquanto isenta alguns do dever de não fazer, permite-os fazer, e é aquela que chamamos de *permissiva positiva*. Simbolizando a primeira proposição com *O* (obrigatório), as outras três podem ser simbolizadas, pela ordem, deste modo: *O não* (leia-se: obrigatório não fazer ou proibido); *não O* (leia-se: não obrigatório fazer, isto é, permissão negativa); *não O não* (leia-se: não obrigatório não fazer, isto é, permissão positiva).

Entende-se que, em vez de partir da prescrição afirmativa, podemos partir de qualquer outra proposição, e com o uso variado da negação obter as outras três. Experimentemos partir da norma permissiva positiva que simbolizamos com *P*: obtemos primeiro *P não* (leia-se: permissão de não fazer, ou seja, permissão negativa); depois *não P* (leia-se: não permissão de fazer, ou seja, proibição); enfim, *não P não* (leia-se: não permissão de não fazer, ou seja, obrigação). Entre obrigação e permissão, a diferença é de duas negações, em que a tábua de equivalência é a seguinte: *O* = *não P não* (leia-se: deve-se fazer equivale a *não* se pode *não* fazer); *O não* = *não P* (leia-se: deve-se *não* fazer equivale a *não* se pode fazer); *não O* = *P não* (leia-se: *não* é obrigatório fazer equivale a é permitido *não fazer*); *não O não* = *P* (leia-se: *não* é obrigatório *não* fazer equivale a é permitido fazer).

Quanto às relações que ocorrem entre esses quatro tipos de normas, correspondem às relações ilustradas no quadro anteriormente referido.

Para um posterior esclarecimento, reproduzamos aqui o quadro com os símbolos das proposições prescritivas:

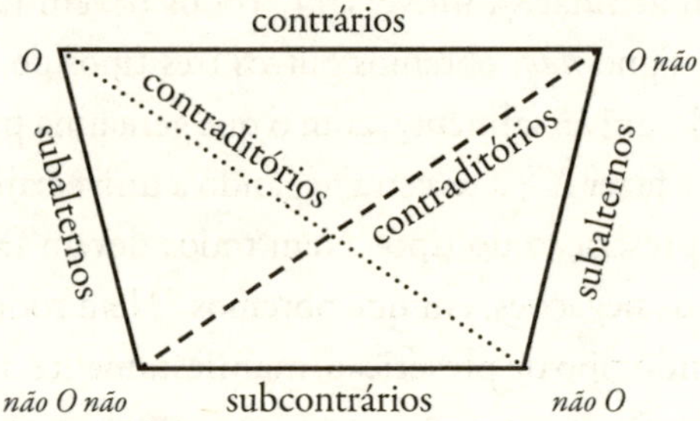

Desse quadro resulta que as prescrições afirmativas e as negativas, isto é, os comandos e proibições, são contrários; as permissivas afirmativas e as negativas são subcontrários; comandos e permissões negativas, proibições e permissões positivas são, entre si, contraditórios (como foi ilustrado no tópico 4.6, ver p. 124).[18]

6.4. Normas categóricas e hipotéticas

É preciso mencionar uma terceira distinção puramente formal, isto é, fundamentada exclusivamente na forma do discurso: a distinção entre *normas categóricas* e *normas hipotéticas*. Tivemos ocasião de nos ocupar dessa distinção anteriormente (tópicos 3.9 e 4.4, ver p. 92 e 114), e por essa razão trataremos disso muito brevemente. Ela é exemplificada na tradicional distinção dos juízos em *apodícticos* ("Sócrates é mortal") e *hipotéticos* ("Se Sócrates é um homem, então Sócrates é mortal"). *Norma categórica* é aquela que estabelece que uma determinada ação deve ser cumprida; *norma hipotética* é aquela que estabelece que uma determinada ação deve ser cumprida quando se verifica uma certa condição.

18. Retomaremos este argumento quando tratarmos das antinomias no ordenamento jurídico [ver a obra *Teoria do Ordenamento Jurídico*, do autor, publicada pela Edipro (N.E.)].

A rigor, todas as normas reforçadas por sanções podem ser formuladas com proposições hipotéticas, no sentido de que se pode considerar a admissão ou a recusa das consequências imputadas pela norma sancionadora como uma condição para a realização da obrigação imposta pela norma primária, segundo a fórmula "Se você não quiser sujeitar-se à pena *Y*, deve cumprir a ação *X*". Como, por outro lado, não se exclui que há normas não sancionadas, é preciso admitir a existência de normas jurídicas categóricas, isto é, de normas formuláveis na forma *apodíctica*, sem condições. É claro que as normas jurídicas a que se refere o já citado artigo 154 do Código de Processo Penal italiano, segundo o qual alguns funcionários são obrigados a observar as normas do Código mesmo quando a inobservância não importe em sanção alguma, são normas categóricas, ou seja, normas cuja obediência não está submetida a qualquer condição, pelo menos com referência ao sujeito a quem é dirigida.

Quanto às normas jurídicas hipotéticas, já vimos que elas podem ser de dois tipos, segundo a sanção consista em não se alcançar o fim desejado ou se alcançar um fim diverso do desejado. As normas do primeiro tipo, cuja formulação é "Se você quiser *Y*, deve *S*", podem ser chamadas de *normas instrumentais*, pelo fato de que a ação por elas prescrita é tomada como um meio para se alcançar um objetivo. As normas do segundo tipo, cuja formulação é "Se você não quiser *Y*, deve *S*", podem se chamar *normas finais*, porque prescrevem ações que têm valor de fim.

Se agora combinarmos essa distinção entre normas instrumentais e finais com aquela examinada no tópico precedente, entre normas afirmativas e positivas, obteremos quatro tipos de normas hipotéticas:

1) "Se você quiser *Y*, deve *X*";
2) "Se você quiser *Y*, não deve *X*";
3) "Se você não quiser *Y*, deve *X*";
4) "Se você não quiser *Y*, não deve *X*".

Anotemos, ainda, concluindo, para livrar o terreno de um possível equívoco, que aqui falamos de normas como proposições hipotéticas no sentido de que essa qualificação serve para distingui-las das normas categóricas. Não falamos, pelo contrário, de um outro sentido em que frequentemente se fala das normas jurídicas como proposições hipotéticas, isto é, no sentido de proposições prescritivas que estabelecem uma obrigação condicionada à verificação ou à não verificação de um dado evento, segundo a fórmula "Se é *Y*, deve ser *X*". Exemplo: "Se o dote consiste em bens de que a mulher conservou a propriedade, o marido ou os seus herdeiros são obrigados a restituí-lo sem dilação, dissolvido o matrimônio" (art. 193 do Código Civil italiano[19]). Quando os juristas falam das normas jurídicas como normas hipotéticas, falam, sobretudo, nesse segundo sentido. Se, nessa acepção, quiser-se introduzir uma distinção, não se tratará mais da distinção entre normas categóricas e normas técnicas, mas sim da distinção entre *obrigações simples* e *obrigações condicionadas*.

19. Artigo alterado pela reforma do Direito de Família de 1975.

Referências

ALLORIO, E. La pluralità degli ordinamenti giuridici e l'accertamento giudiziale. In: *Rivista del Diritto Civile*, Padova, a. I, 1955.

CALAMANDREI, Piero. Regole cavalleresche e processo. In: *Studi sul processo civile*, III, 1929.

CARNELUTTI, Francesco. *Teoria generale del diritto*. 2. ed. Roma: [s.n.], 1946.

CESARINI-SFORZA. Il diritto dei privati. In: *Rivista Italiana de Scienza Giuridica*, 1929.

CROCE, Benedetto. *Filosofia della pratica*. Bari: Laterza, 1909.

DEL VECCHIO, Giorgio. *Lezioni di filosofia del diritto*. 11. ed. Roma: [s.n.], 1953.

FERRI, L. Norma e negozio nel quadro dell'autonomia privata. In: *Rivista Trimestrale del Diritto e Processo Civile*, XII, 1958.

GIULIANO, M. *I diritti e gli obblighi degli stati*. v. I. Pádua: Cedam, 1956.

GIULIANO, M .*La cominità internazionale e il diritto*. Pádua: Cedam, 1950.

GROSSO, Giuseppe. *Problemi generali del diritto attraverso il diritto romano*. Turim: Giappichelli, 1948.

HARE, R. M. *The Language of Morals*. Oxford: Clarendon Press, 1952.

KANT, Immanuel. *Metafisica dei costumi*. Turim: Utet, 1956.

KELSEN, Hans. *Teoria generale del diritto e dello stato*. Trad. it. Milão: Comunità, 1952a.

KELSEN, Hans. *Teoria pura del diritto*. Trad. it. Turim: Einaudi, 1952b.

LEVI, Alessandro. *Teoria generale del diritto*. 2. ed. Pádua: Cedam, 1953.

OLIVECRONA, Karl. *Law as Fact*. Londres: Humphrey Milford, 1939.

OLIVECRONA, Karl. *Law as Fact*. In: *Jus, Rivista di scienze giuridiche*, 1954.

PERASSI, T. *Introduzione alle scienze giuridiche*. Pádua: Cedam, 1953.

RADBRUCH, Gustav. *Rechtsphilosophie*. 4. ed. Stuttgart: Koehler, 1950.

RAVÀ, Adolfo. *Diritto e Stato nella morale idealistica*. Pádua: Cedam, 1950.

ROMANO, Salvatore. Ordinamenti giuridici privati. In: *Rivista Trimestrale del Diritto Pubblico*, 1995.

ROMANO, Santi. *Frammenti di un dizionario giuridico*. Milão: Giuffrè, 1947.

ROMANO, Santi. *L'Ordinamento Giuridico*. 2. ed. revista e anotada. Firenze: Sansoni, 1945.

ROUSSEAU, Jean-Jacques. *Discours sur l'origine et les fondements de l'inégalité parmi les hommes*. [S.l.]: [s.n.], 1754.

SCARPELLI, U. *Il problema della definizione e il concetto di diritto*. Milão: Nuvoletti, 1955.

THON, Augusto. *Norma giuridica e diritto soggetivo*. Trad. A. Levi. 2. ed. Pádua: Cedam, 1951.

VERDROSS, Alfred Von. *Zur Klärung des Rechtsbegriffes*. [S.l.]: [s.n.], 1950.

Bibliografia

Esta bibliografia é parcial e bastante concisa, indicando apenas algumas obras mencionadas pelo autor que, já traduzidas para o português, encontram-se disponíveis.

ARISTÓTELES. *A Política*. 2. ed. São Paulo: Edipro, 2009.

ARISTÓTELES. *Ética a Nicômaco*. 4. ed. São Paulo: Edipro, 2014.

BOBBIO, Norberto. *A Era dos Direitos*. Rio de Janeiro: Campus, 2004.

BOBBIO, Norberto. *A Teoria das Formas de Governo*. Brasília: UnB, 1995.

BOBBIO, Norberto. *Diário de um Século*. Rio de Janeiro: Campus, 2008.

BOBBIO, Norberto. *Dicionário de Política*. Brasília: UnB, 2004.

BOBBIO, Norberto. *Direita e Esquerda*. São Paulo: Unesp, 2001.

BOBBIO, Norberto. *Direito e Estado no pensamento de Emanuel Kant*. São Paulo: Mandarim, 2002.

BOBBIO, Norberto. *Ensaios sobre Gramci e o Conceito de Sociedade Civil*. São Paulo: Paz e Terra, 1999.

BOBBIO, Norberto. *Entre duas Repúblicas*. Brasília: UnB, 2001.

BOBBIO, Norberto. *Estado, Governo, Sociedade*. São Paulo: Paz e Terra, 2009.

BOBBIO, Norberto. *Igualdade e Liberdade*. Brasília: UnB, 1996.

BOBBIO, Norberto. *Liberalismo e Democracia*. São Paulo: Brasiliense, 2000.

BOBBIO, Norberto. *Locke e o Direito Natural*. Brasília: UnB, 2003.

BOBBIO, Norberto. *O Futuro da Democracia*. São Paulo: Paz e Terra, 2009.

BOBBIO, Norberto. *O Positivismo Jurídico*. São Paulo: Ícone, 1995.

BOBBIO, Norberto. *O Tempo da Memória*. Rio de Janeiro: Campus, 1997.

BOBBIO, Norberto. *Os Intelectuais e o Poder*. São Paulo: Unesp, 1997.

BOBBIO, Norberto. *Sociedade e Estado na Filosofia Política Moderna*. São Paulo: Brasiliense, 1996.

BOBBIO, Norberto. *Teoria do Ordenamento Jurídico*. 2. ed. São Paulo: Edipro, 2014.

CALAMANDREI, P. *Eles, os Juízes, vistos por um Advogado*. São Paulo: Martins Fontes, 2000.

CÍCERO, M. T. *Da República*. 2. ed. São Paulo: Edipro, 2011.

COULAGENS, Fustel de. *A Cidade Antiga*. 4. ed. São Paulo: Edipro, 2009.

HARE, R. M. *A Linguagem da Moral*. São Paulo: Martins Fontes, 1996.

HEGEL, G. W. F. *Princípios da Filosofia do Direito*. São Paulo: Martins Fontes, 2003.

HOBBES, T. *Leviatã*: ou Matéria, Forma e Poder de um Estado Eclesiástico e Civil. São Paulo: Edipro, 2015.

HOBBES, T. *De Cive*. São Paulo: Nova Cultural, 2004. (Coleção *Os Pensadores*).

IHERING, R. *A Luta pelo Direito*. São Paulo: Edipro, 2001.

IHERING, R. *Teoria Simplificada da Posse*. 3. ed. São Paulo: Edipro, 2008.

KANT, Immanuel. *Doutrina do Direito*. São Paulo: Ícone, 1993.

KANT, Immanuel. *A Metafísica dos Costumes*. 2. ed. São Paulo: Edipro, 2008.

KELSEN, H. *Teoria Pura do Direito*. São Paulo: Martins Fontes, 2009.

KELSEN, H. *Teoria Geral do Direito e do Estado*. São Paulo: Martins Fontes, 2005.

LOCKE, J. *Segundo Tratado sobre o Governo Civil*. São Paulo: Edipro, 2014.

MAQUIAVEL, Nicolau. *O Príncipe*. 4. ed. São Paulo: Edipro, 2015.

MAQUIAVEL, Nicolau. *Escritos Políticos*. São Paulo: Edipro, 1995.

ORTEGA Y GASSET. J. *A Rebelião das Massas*. São Paulo: Martins Fontes, 2002.

PLATÃO. *A República*. 2. ed. São Paulo: Edipro, 2014.

PLATÃO. *As Leis*. 2. ed. São Paulo: Edipro, 2010.

RADBRUCH, G. *Introdução à Ciência do Direito*. São Paulo: Martins Fontes, 2010.

ROUSSEAU, J.-J. *O Contrato Social*. 2. ed. São Paulo: Edipro, 2015.

ROUSSEAU, J.-J. *Discurso sobre a Origem e os Fundamentos da Desigualdade entre os Homens*. São Paulo: Edipro, 2015.

ROUSSEAU, J.-J. *Discurso sobre a Economia Política*. Petrópolis: Vozes, 1995.

Outras obras de Norberto Bobbio em português:

— *A Era dos Direitos*, Campus, Rio de Janeiro.
— *A Teoria das Formas de Governo*, UnB, Brasília.
— *Diário de um Século*, Campus, Rio de Janeiro.
— *Dicionário de Política*, UnB, Brasília.
— *Direita e Esquerda*, Unesp, São Paulo.
— *Direito e Estado no Pensamento de Emanuel Kant*, Mandarim, São Paulo.
— *Ensaios sobre Gramci e o Conceito de Sociedade Civil*, Paz e Terra, São Paulo.
— *Entre Duas Repúblicas*, UnB, Brasília.
— *Estado, Governo, Sociedade*, Paz e Terra, São Paulo.
— *Igualdade e Liberdade*, UnB, Brasília.
— *Liberalismo e Democracia*, Brasiliense, São Paulo.
— *Locke e o Direito Natural*, UnB, Brasília.
— *O Futuro da Democracia*, Paz e Terra, São Paulo.
— *O Positivismo Jurídico*, Ícone, São Paulo.
— *O Tempo da Memória*, Campus, Rio de Janeiro.
— *Os Intelectuais e o Poder*, Unesp, São Paulo.
— *Sociedade e Estado na Filosofia Política Moderna,* Brasiliense, São Paulo.
— *Teoria do Ordenamento Jurídico*, Edipro, São Paulo.

Este livro foi impresso pela Gráfica Plena Print
em fonte Garamond Premier Pro sobre papel Pólen Bold 70 g/m²
para a Edipro no outono de 2025.